유머 타고 오신 하느님

임관빈 (예) 중장 지음

추천의 글 1

하느님을 참 재미있고 쉽게 만나게 해주는 책

　나는 저자인 임관빈 이레네오 장군을, 내가 군종교구장 재직 당시 군종교구의 예비역장군 모임인 이냐시오회 회장으로 봉사를 하게 되면서 잘 알게 되었습니다. 그때 나는 저자가 육군참모차장과 국방대학교 총장, 국방부의 정책실장이라는 중책을 역임한 장군일 뿐만 아니라, 그리스도인으로서도 깊은 신심을 가지고 있는 것을 보았고, 그래서 군종교구 사제들 연수회 때 특강을 요청하여 듣기도 하였습니다.

　나는 저자가 하느님께 받은 사랑을 세상에 알리는 것이 하느님의 뜻인 것 같다고 하며 이 책을 쓰겠다고 하였을 때, 축복을 해주고 추천사도 써주겠다고 약속을 했었는데, 그 축복이 이렇게 훌륭한 책이 되어 나타난 것을 보며, 하느님이 함께 하시면 얼마나 대단한 일이 일어나는가를 다시 한 번 깨닫게 됩니다.
　저자는 성직자나 수도자가 아니며 신학을 특별히 공부하지도 않은 평신도인데도, 교회의 가르침에 하나도 어긋남이 없을 뿐 아니라, 예수님의 가르침을 삶 속에서 실천하고 체험한 것을 진솔하게 이야기하고 있어서 공감대가 더 크다고 생각합니다. 그리고 하느님과 신앙의 이야기를 유머로 풀어가는 발상이 참으로 신선하며, 상식적인 논리와 사례들을 활용하여 쉽게 풀어간 것도 매우 창의적인 접근이라고 생각합니다.

특히 나는 저자가 재판이라는 큰 시련을 겪는 것을 고스란히 지켜본 사람인데, 저자는 억울한 시련 앞에서도 그 누구도 원망하지 않았으며 오히려 다른 사람들을 위해 기도해 주고, 이 시련도 하느님이 주신 선물이라고 생각한 것은 그리스도인들에게 큰 울림을 준다고 생각합니다.

저자는 20대에 사랑을 실천하는 삶을 살겠다는 뜻으로 자신의 호를 '踐愛'(천애)라고 지었고, 신앙생활이 흐트러진 것을 깨달았을 때는 뜨거운 눈물로 회개하였으며, 9일 기도를 1,800일째 계속하고 있는 진실하고 한결 같은 믿음을 가진 그리스도인입니다.

나는 저자의 그런 믿음과 사랑을 실천하는 삶이 바탕이 되어, 탄생한 이 책이 가톨릭 신자들에게 참 좋은 동반자가 될 것임을 확신하며, 다시 한 번 나의 축복을 이 책에 보냅니다.

유수일 프란치스코 하비에르 주교
前 천주교 군종교구장

추천의 글 2

재미와 감동과 메시지가 절묘하게 어우러진 믿음의 삶 이야기

재미와 감동과 메시지!

이것은 모든 콘텐츠가 갖추어야 할 세가지 요소입니다.

인간이 지(智) 덕(德) 체(體)를 갖추어야 균형 잡힌 인간이라 하듯이, 영화나 드라마, 강의나 책은 물론이고 사제의 강론조차 이 세 가지 요소를 잘 갖추고 버무려야 '좋다(Good)'라고 할 수 있습니다. 그런데 그게 말처럼 쉬운 일은 아닙니다. 그래서 이처럼 알고 있는 것을 표현하고 정리해서 세상에 내어 놓는 일은, 정말 많은 수고와 노력의 결과물이요 새로운 창조물이 아닐 수 없습니다.

그런데 여기 자신있게 권할 수 있는 책이 한 권 있습니다.

재미와 감동과 메시지가 정말 절묘하고 적절하며 기가 막히게 잘 버무려진 책, 바로 '유머타고 오신 하느님'입니다.

우선 '재미'의 내용은 저자가 말하고 싶은 모든 테마의 앞부분에 위치합니다. 어디선가 들어본 이야기도 있고, 이미 많은 강사나 사제들이 써먹었던(?) 내용일 수 있습니다. 출처도 근거도 사실 잘 모르는 유머지만 참으로 절묘하게 내용의 시작을 준비시킵니다.

'감동'은 억지로 만들어지는 것이 아니라 온 몸으로 살아낸 삶의 흔적이기 때문에 마음을 흔들어 놓는 것입니다. 남의 이야기가 아니라 내가 살았던 시간과 실천의 결과물이며, '복음을 산다'는 것은 그렇게 귀로 듣고 머리로 알던 복음을 내 삶 안에서 치열하게 실천했던 흔적입니다. 때론 상처로 때론 흐뭇함과 뿌듯함으로 수 놓여진 결과들입니다. 그런데 우리는 그런 감동을 이 책에서 진하게 맛볼 수 있습니다.

그리고 마지막으로 '메시지'입니다. 일부러 만들어 놓은 훈계도 강론도 아닙니다. 앎의 씨줄과 삶의 날줄이 만들어 놓은 탄탄한 내레이션인 것입니다. 직접 뭐라 하지 않아도 무슨 말을 하려는지 알아듣게 되고, 끄덕이게 되며, 나도 그렇게 살아야 하겠다고 다짐하게 되는 그 무엇을 말입니다. 교회가 그토록 많은 직무자들을 통해 전달하고자 했으나, 약간은 허공에 떠있어서 '알아는 듣겠지만 어떻게 살라는 말인가'라 생각되었던 것을 이 책은 피부로 깨닫게 해줍니다.

저는 군종사제로 18년 9개월을 살아오면서 많은 분들을 스쳐 만나기도 하고 진지하게 만나기도 했었는데, 그 안에 이렇게 복음적 앎과 삶을 알토란같이 살아낸 군인이 있다는 것이 감사하고 감사할 뿐입니다.

군인으로서의 사명(使命)을 잘 수행할 수 있었던 것은 신앙인으로서의 소명(召命)이 있었기 때문이라는 결어(結語)가 이 책을 한마디로 정리하는 글이라 생각합니다.

부디 많은 분들, 특히 신앙인으로서 초심자들에게 강추하고 싶습니다. 누구나 한번 읽어 보시면, 책을 이렇게 재미와 감동과 메시지가 잘 버무려 만들 수도 있구나 라고 느끼실 것입니다. 술술 재미있게 읽다 보면 감동을 받게 되고, 또 내가 어떻게 살아야 할지에 대한 메시지도 정리될 것입니다.

임관빈 이레네오 형제에게 책의 출간을 진심으로 축하드리며, 사제로서 축복을 보냅니다. 아울러 예수님을 따르는 군인은 물론이고, 모든 그리스도인들 중에도 저자가 살아온 '재미'와 '감동'과 '메시지'가 있는 삶을 살아가는 분들이 많아지기를 진심으로 두 손 모아 기도합니다.

조정래 시몬 신부
가톨릭 평화방송 · 평화신문 사장

글을 시작하며

저는 성직자나 수도자가 아니며 신학자도 아닙니다. 그래서 교리적 지식이 매우 얕은 것은 물론 신심도 많이 부족한 평신도이며, 42년간 나라를 지키는 일에만 전념하였던 군인입니다.

그런데 저는 퇴직하고 4년쯤 지난 2017년 10월부터, 국방부 정책실장때 업무와 관련하여 5년간 재판을 받게 되는 제 생애 최대의 시련을 겪은 경험이 있습니다.

저는 나라를 지키는 군인이며 공직자로서, 모든 공무를 바르게 하는 것을 가장 중요한 덕목으로 생각하였고, 더욱이 하느님을 믿는 사람으로서 언제나 바르고 착하게 살아야 한다는 다짐을 하며 살았기에, 재판이라는 시련이 찾아왔을 때 이 억울한 매듭을 잘 풀어주시기를 바라는 9일 기도를 성모님께 드렸습니다. 그러면서 하느님께서 저에게 이런 시련을 주신 뜻이 무엇일까를 또한 깊이 묵상하게 되었습니다.

그런데 저는 첫 9일 기도를 드리면서 묵주기도의 기쁨과 은총이 얼마나 큰지를 깊이 깨닫게 되었고, 그래서 지금까지 9일 기도를 1,800여 일째 계속하고 있습니다.

그렇게 기도하던 어느 날, 하느님께서 "이레네오야, 나는 네가 내 가까이 있기를 바라는데, 너는 불성실하게 신앙생활을 하고, 나보다 너의 일을 앞세우는 사람으로 바뀌었구나." 하시는 말씀을 들었습니다. 저는 그 날 그동안 하느님께 지은 잘못과 송구스러움에 많이 울었습니다.

저는 그때부터 명예를 회복하기 위한 재판보다도 하느님을 제 삶의 중심에 모시는 것을 우선으로 생각하며, 미사 참례와 묵주기도, 성경읽기와 신앙서적 탐독, 고해성사와 성지순례 등을 정성들여 하고, 비록 미약하지만 저를 하느님의 뜻을 이루는 작은 도구로 써 달라고 기도하였습니다.

그렇게 9일 기도를 600여 일쯤 하였을 때, 제가 평생 받았던 하느님의 사랑을 세상에도 알리는 것이 하느님의 뜻이라는 것을 깨닫게 되었고, 그래서 이 책을 쓰게 되었습니다.

저는 생도 때 읽은 한 소설에서, 남자 주인공이 사랑을 고백하면서 하이네의 '선언'이란 시를 인용하는 것을 보았는데, 저는 이 표현이 너무나 멋있고 좋아서 잘 적어 놓았다가 아내를 만났을 때 이 시로 프로포즈를 했었습니다.

이 시에는 이런 표현이 있습니다.

"나 억센 손으로
저 노르웨이의 삼림에서
제일 높은 전나무를 뿌리채 뽑아
그것을 에트나의 불타오르는
저 새빨간 분화구에 넣었다가
그 불이 붙은 거대한 붓으로
나 어두운 저 하늘을 바탕삼아 쓰겠노라
 아그네스, 나 그대를 사랑하노라!"

그런데 저는 다시 이 시처럼 말하고 싶어졌습니다.

"그 불이 붙은 거대한 붓으로
나 어두운 저 하늘을 바탕삼아 쓰겠노라
하느님, 제가 하느님 아버지의 사랑받는 자녀임을
굳게 믿나이다.
하느님, 저를 많이 많이 사랑해 주셔서 참으로 감사합니다.
하느님, 저도 당신을 정말 정말 사랑하며
큰 소리로 찬미 드립니다."

이 책은 참으로 부족함이 많지만, 이 땅에서 하느님의 뜻이 이루어지는 데 작은 도구가 되었으면 하는 바람을 가집니다.

제가 시련을 겪을 때 많은 기도를 해주시고 추천사를 써 주신 前 군종교구장 유수일 주교님, 군종신부 시절부터 저의 신앙생활을 지도해 주셨고 늘 격려해주시는 군종교구장 서상범 주교님, 이 책의 출판을 각별히 성원하고 추천사까지 써주신 평화방송 조정래 사장 신부님께 특별히 감사드립니다. 또 저에게 신앙의 밑거름이 되어 주신 수안보 성당의 故 정안빈 신부님, 군생활 동안 저의 신앙을 북돋아 주신 故 정명조 주교님, 이기헌 주교님, 군종교구의 기틀을 마련하신 김계춘 신부님을 비롯한 전·현직 모든 군종신부님들께도 깊은 감사를 드립니다. 그리고 이 책이 세상에 나오도록 애써 주신 기쁜소식 출판사, 제가 사용한 유머에 영감을 주신 분들과 인용된 책들의 저자분들, 언제나 저의 힘이 되어준 사랑하는 아내 로사와 자녀들에게도 깊은 감사의 마음을 전합니다.

끝으로 저에게 베풀어 주신 하느님 아버지의 크신 사랑에 다시 한 번 깊이 감사드리며, 이 책을 하느님 아버지와 성모님 앞에 겸손 되이 바칩니다.

2023년 묵주기도의 성월에
임관빈 이레네오

✶ 차 례

추천의 글 1 / 002

추천의 글 2 / 004

글을 시작하며 / 007

1부 하느님, 제가 하느님 아버지의 사랑받는 자녀임을 굳게 믿나이다

- 믿음은 의심하지 않는 것 … 016
- 보이지 않는 하느님 … 022
- 틀림없이 계시는 하느님 … 026
- 과학과 충돌하지 않는 하느님 … 032
- 인간 사랑에 올인하시는 하느님 … 039
- 우리 모두는 하느님의 자녀이며 한 형제 … 044
- 베드로같이 키우는 믿음 … 048
- 하느님이 중심이 되는 삶 … 053
- 믿음과 사랑은 행동으로 실천하는 것 … 059
- 하느님께 드리는 올바른 기도자세 … 065

2부 예수님, 저희 때문에 얼마나 아프고 힘드셨어요?

사람이 되어 오신 하느님 … 072

예수님은 어떻게 다르신가? … 076

인간을 구원하러 오신 예수님 … 082

예수님이 알려주신 하느님 나라 … 087

예수님의 첫 가르침, 행복 … 092

예수님이 보여주신 하느님의 사랑 … 099

예수님의 수난과 죽음 … 104

부활하신 예수님과 성모님 … 110

예수님이 주신 마지막 선물, 평화 … 116

3부 성모님, 저희의 어머니가 되어 주셔서 감사합니다

성모님은 누구신가? … 124

평생 동정이신 성모님 … 131

죄에 물듦이 없이 태어나시고 하늘에 오르신 성모님 … 136

일곱 가지 고통을 간직하신 성모님 … 142

우리를 돌보시고 예수님의 뜻을 전하시는 성모님 … 147

참으로 큰 묵주기도의 기쁨과 은총 … 153

신앙인의 모범이신 성모님 … 159

성모님께 드리는 찬미와 사랑 … 164

4부 예, 저는 은혜로운 천주교인입니다

- 가톨릭교회의 4가지 특별함 … 172
- 가톨릭다움의 꽃, 미사 … 178
- 거룩한 성체성사의 신비 … 183
- 하느님의 크신 은총, 고해성사 … 188
- 교계제도(Holy Order)를 가진 가톨릭 … 192
- 가톨릭교회의 보물인 성인 성녀 … 197
- 참으로 자랑스러운 한국 천주교회 … 204

5부 하느님께서는 우리가 이 세상에서도 잘 살기를 바라십니다

- 이 세상을 잘 사는 것도 하느님의 뜻입니다 … 210
- 그리스도인의 성공과 행복 … 216
- 행복의 샘인 가정 … 222
- 시련과 고통, 벌일까? 은총일까? … 228
- 세상을 잘 사는 비결, 감사와 나눔, 그리고 기도 … 239
- 죽음, 아름다운 마침, 기쁜 시작 … 246

글을 마치며 / 253
하느님께 바치는 아침 기도 / 254

제 1 부

하느님, 제가 하느님 아버지의 사랑받는 자녀임을 굳게 믿나이다

믿음은 의심하지 않는 것

보이지 않는 하느님

틀림없이 계시는 하느님

과학과 충돌하지 않는 하느님

인간 사랑에 올인하시는 하느님

우리 모두는 하느님의 자녀이며 한 형제

베드로같이 키우는 믿음

하느님이 중심이 되는 삶

믿음과 사랑은 행동으로 실천하는 것

하느님께 드리는 올바른 기도 자세

믿음은
의심하지 않는 것

어느 독실한 크리스천이 등산을 갔다가 실족하여 낭떠러지에서 떨어졌다. 천만 다행으로 나뭇가지를 붙잡아서 일단 위기를 모면했는데, 누군가 올라가도록 도와주지 않으면 다시 떨어져서 죽을 판이었다. 그래서 위에다 대고 "사람 살려요!" 하고 소리를 쳤으나 아무도 들어주는 사람이 없었다.

그래서 하느님께 살려달라고 간절하게 기도를 하였다. 하느님께서 이 기도를 들으시고 아래를 내려다보았더니 손을 놓으면 다치지 않고 땅에 닿을 수 있는 높이였다. 그래서 하느님께서 "네가 정말 나를 믿느냐?" 하고 물으셨다. 이 크리스천이 "그럼요, 제가 하느님을 안 믿으면 누굴 믿겠습니까?" 라고 답하자, 하느님께서 "그럼 손을 놓거라." 하셨다.

그러자 이 크리스천은 위에다 대고 다시 소리질렀다.

"그 위에 하느님 말고 다른 사람 없어요?!"

믿음이 약한 자들

그리스도인은 하느님을 믿는 사람입니다. 그런데 우리는 정말 하느님을 의심없이 믿을까요? 우리는 기도가 이루어지고 내 삶이 뜻대로 잘 풀리면 하느님을 믿고, 불행이 닥치거나 기도가 이루어지지 않는 것 같으면 '하느님이 안 계신 것 아니야?'라며 의심하고, 심지어는 "저에게 왜 이러십니까?"라며 하느님에게 따지고 원망하지는 않나요?

사실 이런 약한 믿음은 한 두 사람의 문제가 아니라 인간이 가질 수 있는 흔한 모습입니다. 탈출기 32장 1-24절에 보면, 이스라엘 민족이 이집트에서 나와 광야생활을 할 때, 하느님을 원망하며 금송아지를 만들어 놓고 기도하다가 모세의 진노를 사는 모습이 나옵니다. 또 마르코 복음서 4장 35-41절에 보면, 예수님의 제자들도 예수님이 보이신 기적을 수없이 보았으면서도 태풍이 불자 불안해하며 예수님을 깨웁니다. 예수님은 이런 제자들을 보시며 "믿음이 약한 자들아."하며 책망하십니다.

그리스도인은 하느님의 도움으로 이 세상을 잘 살고, 죽어서는 천국에 가고 싶은 구원의 소망을 가지고 있는 사람입니다. 이러한 구원의 소망은 진실한 믿음에서 시작합니다. 성경에도 보면 예수님이 벙자나 장애인을 고쳐 주시는 모습이 많이 나오는데, 그때마다 한결같이 하시는 말씀은 "네 믿음이 너를 구했다."입니다. 그리고 루카 복음서 7장 1-10절에 보면, 백인대장이 "주님 수고하실 것 없습니다. 그저 한 말씀만 하시어 제 종이 낫게 해 주십시오."라고 말했을 때 그 믿음을 크게 칭찬하십니다.

그래서 저는 우리가 하느님께 청해야 할 1번은 세상의 복이 아니라, 하느님은 우리의 진정한 아버지라는 사실을 확고하게 믿는 믿음의 은총이라고 생각합니다.

믿음은 의심하지 않는 것

하느님께 대한 믿음의 모범은 아브라함과 성모 마리아입니다. 아브라함은 하느님께서 100살에 얻은 아들 이사악을 제물로 바치라고 명하시자 한마디의 이의도 없이 그대로 행합니다. 또 성모님은 처녀가 임신을 하는 것은 곧 죽음의 벌을 받는다는 것을 잘 알면서도, "예, 저는 주님의 종입니다. 말씀하신 대로 저에게 이루어지기를 바랍니다."라고 망설임 없이 응답하십니다.

그런데 저는 우리가 하느님을 믿는데 있어서 '의문'과 의심'을 구별할 필요가 있다고 생각합니다.

두 가지 사례를 생각해보겠습니다. 하나는 성모님께서 가브리엘 천사로부터 "이제 네가 잉태하여 아들을 낳을 것이다."라는 말을 들었을 때, "제가 남자를 모르는데 어떻게 그런 일이 있을 수 있겠습니까?"라고 말한 것이고, 다른 하나는 토마스 사도가 다른 제자들이 부활하신 예수님을 보았다고 했을 때, "나는 그분의 손에 있는 못 자국을 직접 보고 그 못 자국에 내 손가락을 넣어 보고 그분 옆구리에 내 손을 넣어 보지 않고는 결코 믿지 못하겠소."라고 말한 것입니다.

얼핏 보면 이 두 사례는 같아 보이지만 저는 분명한 차이가 있다고 생각합니다. 전능하신 하느님의 일을 우리 인간은 이해할 수 없을 때가 있습니다. 잘 몰라서 생기는 것은 '의심'이 아니라 '의문'입니다. 성모님께서 가브리엘 천사에게 말씀하신 것은 하느님에 대한 의심이 아니라 이해가 안 되어서 질문한 것입니다. 그래서 가브리엘 천사가 전능하신 하느님의 일임을 설명하자 이의 없이 "저는 주님의 종입니다. 그대로 제게 이루어지기를 바랍니다."라고 하셨습니다.

그러나 토마스 사도는, 예수님께서 수많은 기적을 행하신 것은 물론 죽음과 부활에 대해 여러 번 말씀하셨고, 또 다른 제자들이 증언을 하는데도 예수님의 부활을 의심했습니다. 그래서 예수님께서도 토마스 사도에게 "의심을 버리고 믿어라. 너는 나를 보고서야 믿느냐? 보지 않고도 믿는 사람은 행복하다.(요한 20, 27-29)"라고 하십니다.

정말 중요한 사실

저는 하느님을 믿는다는 것은 하느님은 인간의 이성을 넘어서는 신비롭고 전능하신 분이라는 것과, 이 하느님이 바로 우리의 참 아버지라는 것을 믿는 데서 시작하는 것이라고 생각합니다.

사도 신경도 "전능하신 천주 성부 천지의 창조주를 저는 믿나이다."로 시작합니다.

그런데 체코 프라하 카를 대학의 사회학 교수인 토마시 할리크 신부의 저서 '하느님을 기다리는 시간'에 보면 우리의 믿음보다 더 중요한 사실이 있다는 것을 알 수 있습니다.

토마시 할리크 신부는 "자신이 하느님을 믿고 있는가, 하느님을 믿는다면 충분히 믿고 있는가?" 하는 고민을 오랫동안 해 온 한 젊은이와 길고 진 빠지는 논쟁을 벌였을 때 마지막으로 이런 말을 해주었다고 책에 썼습니다.

"자네가 하느님을 믿는다고 확신하는 게 그렇게 중요한 문제는 아니야. 사실 가장 중요한 건 자네가 하느님을 믿느냐 그렇지 않느냐가 아니라네. 가장 근본적인 것은 하느님께서 자네를 믿으신다는 사실이지. 그리고 지금으로선 그 사실을 아는 것만으로도 충분할 걸세."

맞습니다. 자식을 키워 본 부모들은 할리크 신부의 말에 100% 동의합니다. 부모가 자식을 더 사랑합니까? 자식이 부모를 더 사랑합니까?

저는 참으로 감사하게도 마태오 복음서 7장 9-11절에 나오는 "너희 가운데 빵을 달라는 아들에게 돌을 줄 사람이 어디 있겠느냐? 생선을 달라는 데 뱀을 줄 사람이 어디 있겠느냐? 너희가 악해도 자녀들에게 좋은 것을 줄 줄 알거든, 하늘에 계신 너희 아버지께서야 당신께 청하는 이들에게 좋은 것을 얼마나 더 많이 주시겠느냐?"라는 말씀이 어릴 적부터 가슴에 깊게 다가왔습니다.

그래서 저는 이 말씀을 굳게 믿게 되었으며, 아침마다 기도할 때 언제나 겸손하게 "제가 하느님 아버지의 사랑받는 자녀임을 굳게 믿나이다."라는 고백을 가장 먼저 합니다.

보이지 않는 하느님

초등학교 국어 시간에 선생님께서 '설탕'을 넣어서 문장을 지어 보라는 과제를 주셨다.

모두들 설탕이라는 단어가 들어간 문장을 열심히 지었는데 한 학생은 "나는 커피를 맛있게 먹었다."라고 문장을 만들었다.

선생님께서 "내가 '설탕'을 넣어서 문장을 지으라고 했는데 이 문장에는 '설탕'이 없잖아."라며 지적을 하시자 학생이 대답하였다.

"선생님, 설탕은 커피 속에 다 녹았어요. 그래서 안 보여요."

보이지 않는 하느님

그러네요. 선생님의 생각이 짧았네요.

우리는 그리스도인으로서 하느님에 대한 믿음이 굳건하기를 바랍니다. 그런데 그렇지 못한 것은 무엇보다도 하느님이 눈에 보이지 않는 분이기 때문이라고 생각합니다. 우리 속담에 '百聞而 不如 一見(백문이 불여일견)', 즉 '백 번 듣는 것이 한번 보는 것만 못하다'라고 했고, 서양 속담에도 'Seeing is Believing'이란 말이 있습니다.

사람은 외부로부터 들어오는 정보의 70%는 눈을 통해서 얻게 되는 구조이니, 내 눈으로 직접 보지 않으면 믿음이 안 생기는 것은 어쩌면 당연한 것일 수 있다고 생각합니다.

보여주시는 하느님

하느님은 이러한 인간의 한계를 잘 아시는 분입니다. 그래서 하느님께서는 우리가 눈으로 하느님의 존재를 충분히 인식할 수 있도록 스스로 드러내 보이는 배려를 늘 하십니다. 그리스도교에서는 이것을 계시라고 합니다.

마태오 복음서 11장 3-6절에도 보면, 세례자 요한이 제자들을 예수님께 보내어 "오실 분이 선생님이십니까? 아니면 저희가 다른 분을 기다려야 합니까?" 하고 묻게 하였는데, 이때 예수님께서는 "요한에게 가서 너희가 보고 듣는 것을 전하여라. 눈먼 이들이 보고 다리저는 이들이 제대로 걸으며, 나병 환자들이 깨끗해지고 귀먹은 이들이 들으며, 죽은 이들이 되살아나고 가난한 이들이 복음을 듣는다. 나에게 의심을 품지 않는 이는 행복하다."라고 대답하셨습니다.

또 요한 복음서 14장 8-9절에 보면, 필립보가 예수님께 "주님, 저희가 아버지를 뵙게 해 주십시오"라고 하자, 예수님께서는 "나를 본 사람은 곧 아버지를 뵌 것이다."라고 말씀하셨는데, 이를 전능하신 하느님이 아니면 할 수 없는 표징과 기적들을 보여주시는 것으로 증명을 하셨습니다. 그리고 다볼산에서는 베드로와 야고보와 요한에게 거룩한 변모를 통하여 예수님께서 하느님의 아들이신 모습을 직접 보여주셨습니다.

복음서는 예수님이라는 역사적 실존 인물에 대해 제자들이 보고 들은 사실을 그대로 기록한 것이기 때문에, 저는 예수님께서 말씀하신 대로 하느님의 존재를 충분히 믿을 수 있다고 생각합니다. 그리고 하느님의 존재를 깨달을 수 있는 기적과 표징은 지금도 예수님과 성모님의 발현이나 치유의 기적 등을 통하여 우리에게 충분히 보여지고 있다고 생각합니다.

우리 눈은 모든 것을 볼 수 없습니다.

우리는 우리의 눈이 얼마나 제한적인 능력만 가진 감각기관이라는 것도 분명히 알 필요가 있습니다.
우리의 눈은 유머에서처럼 커피 속에 녹아 있는 설탕은 볼 수 없고, 공기도 분명히 존재하지만 눈에는 보이지 않는다는 것을 우리는 압니다. 그리고 사람의 눈은 적외선, 자외선, X-선 같은 것도 볼 수 없으며, 망원경이 없으면 보지 못하는 별이 수없이 많고, 현미경이 없으면 보지 못하는 세균이나 바이러스도 수없이 많다는 것을 잘 압니다.

이렇게 세상에는 분명히 존재하는데 우리 눈으로는 볼 수 없는 것이 무수히 많습니다. 그런데 내 눈으로 볼 수 없다고 하느님은 존재하지 않는다고 단정하는 것이 과연 합리적인 생각일까요?

프랑스 철학자 파스칼의 말이 생각납니다.

"신을 믿기 싫은 사람에게는 신의 존재를 부정하기에 충분할 정도의 논거가 있고, 신을 믿고 싶어 하는 사람에게는 신의 존재를 증명하기에 충분한 논거가 있다."

틀림없이 계시는 하느님

부엌에서 저녁을 하던 엄마가 어둑어둑해지자 밖에 널어놓은 빨래 생각이 났다. 그래서 어린 아들에게 "아들, 밖에 가서 빨래 좀 걷어 올래?"하고 말했다. 그러자 어린 아들은 "밖에 어두워졌어. 무서워서 못나가." 하고 대답하였다.

그랬더니 독실한 크리스천인 엄마가 다시 말했다. "우리는 하느님을 믿는 사람이잖아. 그리고 하느님은 어디에든 다 계시잖아. 그런데 뭐가 무서워?" 하고 말하였다. 그랬더니 아들이 문을 열고 밖에다 대고 소리쳤다.

"밖에 하느님 계시면 빨래 좀 걷어다 주실래요?"

이병철 회장의 질문

우리가 맨 눈으로 보면 햇빛은 한가지 색깔로만 보이지만, 프리즘을 통해서 보면 햇빛 속에는 무지개의 색깔이 다 들어있는 것을 알 수 있듯이, 믿음의 눈으로 보면 하느님은 분명히 존재하는 분임을 알 수 있습니다. 그러나 믿음이 없거나 약한 사람에게는 하느님 존재에 대해 늘 의구심이 있습니다.

삼성의 창업주인 이병철 회장이 타계하기 한 달 전쯤, 절두산 성당에 계신 박희봉 신부님께 인간과 종교에 대한 깊은 궁금증을 담은 24가지의 질문서를 보냈는데, 그 첫 번째 질문도 바로 "신(하느님)의 존재를 어떻게 증명할 수 있나? 신은 왜 자신의 존재를 똑똑히 드러내 보이지 않는가?"였다고 합니다.

안타깝게도 이병철 회장은 이 질문서를 보내고 갑자기 타계하여 대답을 듣지 못하였는데, 시간이 좀 지나서 이 질문에 대한 답을 담은 책이 나왔습니다. 제가 아는 것만 해도 고인이 되신 차동엽 신부님께서 2012년에 '내 가슴을 다시 뛰게 할 잊혀진 질문'이란 제목으로 내신 책이 있고, 2019년에는 원주교구장이신 조규만 주교님께서 '잊혀진 질문에 대한 오래된 대답'이란 제목으로 내신 책이 있습니다.

하느님 계신 것은 어떻게 알 수 있을까?

위의 두 책에서도 인용한 것처럼, 하느님의 존재에 대한 설명은 토마스 아퀴나스 성인의 설명이 가장 쉽게 이해되는 논리인데, 이 논리의 핵심은 '원인결과론'입니다. 즉 원인 없이 이루어지는 결과는 없다는 것입니다.

우리에게는 우리를 낳아준 부모님이 있습니다. 부모님도 부모님을 낳아준 조부모님이 있고, 그 조부모님도 그 위의 부모님에 의해 세상에 태어나게 되었다는 것을 누구도 부인할 수 없습니다. 얼마를 소급해 올라갈지는 몰라도 반드시 그 시작이 되는 제1원인이 있습니다. 이 제1원인이 바로 하느님이라는 것입니다.

그리고 우주에는 수없이 많은 천체들이 일정한 원리에 의해 움직이고 있고, 지구상의 모든 사물도 움직이고 있는데, 이러한 움직임이 있도록 최초에 힘을 제공한 누군가가 있어야 합니다. 이 최초의 힘이 바로 하느님이라는 것입니다.

하느님에 대한 신앙은 '삼위일체의 신비'와 같이 인간의 이성과 지혜를 넘어서는 신비의 영역이 분명히 있지만, 그렇다고 인간의 이성으로 이해되지 않는 것을 맹목적으로 믿는 것은 아닙니다. 하느님께서는 오히려 우리 인간이 이성을 통하여 하느님의 존재를 깨닫고 당당하게 믿기를 원하신다고 저는 생각합니다.

우리나라 신앙 선조들의 놀라운 지혜

이러한 하느님의 뜻이 가장 잘 증명된 곳이 바로 우리나라입니다. 18세기 조선땅에 천주교가 최초로 전래된 것은 서양의 선교사들에 의해서가 아니라 조선의 선비들이 학문적 차원에서 스스로 받아들인 것인데, 자신들의 이성과 지식으로 하느님의 존재를 확신하고 이를 신앙으로 발전시켰던 것입니다. 신유박해 때 순교한 정약종이 쓴 <주교요지>에는 이런 믿음이 명쾌하게 정리되어 있습니다.

"여기에 큰 집이 있다. 아래엔 기둥을 세우고 위에는 들보를 얹고 옆에는 벽을 맞추고 앞에는 문을 내어 비바람을 가리워야 사람이 몸을 담아 평안히 살 수 있으니 이 집을 보면 어찌 저절로 되었다고 하리요. 반드시 목수가 있어서 만들었다 하리라. 천주를 보지 못해도 천지를 보면 천지를 만드신 임자가 계신 줄을 알 것이라."(주교요지 3항)

또 기해박해 때인 1839년 7월 20일에 8명의 여교우들이 참수를 당하였는데, 이 중 한 분인 김 루치아는 "네가 천주를 보았느냐?"는 포도대장의 질문에, "시골 백성이 국왕을 뵈옵지 않았다고 국왕 계신 줄을 모르겠습니까? 저는 천지와 만물을 보고 천주 계신 줄을 믿는 것입니다." 라며 당당하게 하느님에 대한 자신의 믿음을 말해 관헌들을 놀라게 했습니다. 우리나라에는 이처럼 분명한 이성의 힘으로 하느님의 존재를 깨닫고, 이를 증거하고자 목숨까지 바친 신앙선조가 최소한 만 명 이상이 있습니다.

이천 년 전 로마시대에도, 이러한 믿음 때문에 300년 동안이나 콜로세움에서 사자의 밥이 되는 등 엄청난 박해를 받으면서 수없이 많은 사람들이 목숨을 바쳤습니다. 또 아시아의 일본과 베트남에서도 많은 순교자가 나왔고, 근래에는 우간다를 비롯하여 아프리카 나라에서도 하느님에 대한 믿음 때문에 많은이들이 순교를 하였습니다.

이렇게 이천 년에 걸쳐 세계 도처에서 다양한 민족들이 한결같이 하나뿐인 목숨을 기꺼이 바쳐가면서 하느님의 존재를 증거하였으면 하느님이 확실히 계신 것이 아닐까요?

동양에서도 알았던 하느님 존재

더 놀라운 것은 우리 동양에도 하느님의 존재에 대한 생각이 오래전부터 있었다는 것입니다. 동양의 고전인 중용 1장 첫머리에는 "天命之謂性 率性之謂道(천명지위성 솔성지위도)"란 말이 나오는데, 이는 "하늘이 명하는 것을 일컬어 性이라 하고 이 性을 따르는 것을 일컬어 道라 한다." 즉 인간의 본성은 하늘이 명해서 주어진 것이며, 하늘이 준 본성을 따르는 것이 사람의 길이라는 것입니다. 여기서 말하는 하늘은 물리적 공간인 하늘이 아니라 우주 만물을 지배하시는 하느님을 지칭하는 것이 분명하며, 이것은 동양을 대표하는 최고의 지성들이 2천 년 이상 가져온 생각입니다.

지금도 우리나라는 크리스천 국가도 아닌데 공식행사 때마다 "하느님이 보우하사 우리나라 만세."라며 소리 높여 합창을 합니다. 이것이 실체도 없는 하늘에 대고 그냥 한번 해보는 공허한 외침일까요?

저는 멀리 있는 하늘의 별까지 보지 않더라도, 동물들이 새끼를 낳아 기르며, 제 손자가 태어나서 자라나는 생명의 신비를 보면서, 그리고 제 가슴에 살아 있는 양심의 소리를 들으면서 하느님께서 분명하게 계시다는 것을 굳게 굳게 믿지 않을 수 없습니다.

과학과 충돌하지 않는 하느님

한 신부님이 교황님으로부터 주교 임명을 받았다. 그런데 이 신부님은 성질이 좀 급한 분이셨다.
주교 수단을 맞추시면서 수단을 만드는데 얼마나 걸리냐고 물었더니, 장인이 "주교님, 수단을 만들려면 보름은 족히 걸립니다."라고 답했다. 그러자 "아니 하느님은 온 세상을 창조하시는 데도 1주일 밖에 안 걸리셨는데 자네는 수단 하나 만드는데 보름이나 걸리나?" 하고 채근을 했다. 그러자 장인이 한마디 했다.
"주교님, 그래서 이 세상에 문제가 많은 겁니다."

가톨릭은 비과학적인 종교인가?

세상에는 참으로 문제가 많다 보니 수단을 만드는 장인의 말처럼, 정말 하느님께서 이 세상을 한 주 만에 급하게 만드셔서 그럴까 하는 실없는 미소가 지어집니다.

세상에는 여전히 하느님을 믿지 않는 사람들도 있는데, 이 사람들이 하느님을 믿지 않는 큰 이유 중 하나는 하느님에 대한 믿음이 비과학적이라는 생각 때문입니다. 특히 요즈음은 위성에서 구름을 내려다보며 태풍의 진로를 중계방송하고, 인공지능 알파고가 이세돌 9단을 이기는 세상이 되다 보니, 과학이 이 세상의 모든 것들을 다 설명해 줄 수 있다는 '과학만능주의' 사조까지 생겨 났습니다.

얼핏 보면 그리스도교 신앙과 과학은 서로 모순되고 충돌하는 듯이 보이기도 합니다. 여기에는 과거 가톨릭이 코페르니쿠스의 지동설이 진리라고 주장하는 갈릴레이를 파문하였던 기억 등이 있고, 진화론이 같은 종 안에서는 진화가 이루어진 것이 사실로 확인이 되고 있는데도 그리스도교는 창조설만 주장한다는 오해가 있으며, 또 과학에 대한 가톨릭의 입장을 분명하게 잘 알지 못하기 때문이라고 생각합니다.

가톨릭은 과학을 존중합니다.

저는 학자도 아니며 과학상식도 매우 제한적인 사람이지만, 가톨릭이 결코 과학과 충돌하는 종교가 아니라는 것을 몇 가지 사실만 보더라도 잘 알 수 있습니다.

첫째, 가톨릭교회는 과학을 배척하는 것이 아니라 오히려 과학을 장려하고 과학의 도움을 받아 맹목적인 신앙을 극복해야 한다고 생각하는 종교입니다.

가톨릭교회의 대표적 신학자인 토마스 아퀴나스 성인은, "명백하게 이성에 부합하지 않는 논거들, 그리하여 그리스도교 신앙을 우습게 만드는 논거들을 들어 그리스도교 신앙을 옹호하려 해서는 안 된다"고 하였고, 교황청에는 과학원을 공식적인 기구로 운용하고 있습니다. 그리고 지동설이 과학적으로 명백히 확인되자 비오 12세 교황은 갈릴레이를 위대한 과학자로 칭송했으며, 요한 바오로 2세 교황은 갈릴레이가 교회로부터 고통을 받은 것에 대해 공식적으로 용서를 청했습니다.

둘째, 가톨릭교회 안에서는 초자연적 현상인 '기적'들이 많이 일어나는데, 이런 기적들도 과학적인 방법으로 엄격하게 검증된 것 만을 인정하고 있습니다. 예를 들어 성모님께서 발현하신 루르드 성지에는 지금까지 치유의 기적이 일어났다고 공식적으로 접수된 것이 7,400여건인데, 교황청이 엄격한 과학적 검증을 거쳐서 인정한 것은 70여건에 불과합니다.

과학만능주의는 과연 과학적알까?

그리스도교와 과학 간에 가장 크게 충돌하는 듯이 보이는 게 창조냐 진화냐의 문제일 것입니다. 이 문제는 매우 전문적인 지식이 필요한 것이어서 저는 오스트리아 빈 대교구장이신 쉰보른 추기경이 쓰신 '쉰보른 추기경과 다윈의 유쾌한 대화'라는 책과, 물리학자이며 사제이신 김도현 신부님이 쓰신 '과학과 신앙 사이'라는 책을 보았는데, 이 책들이 이 문제를 명쾌하게 설명해 주었습니다. 특히 김도현 신부님은, KAIST에서 물리학 석·박사를 하시고 서울대학교 이론물리학연구센터에서 통계물리학을 연구하신 물리학자이십니다.

이 책에는 과학만능주의를 주창하는 이들의 주장이 다음과 같이 요약되어 있습니다.

"어느 순간 '확률적으로 우연히' 빅뱅이 일어나 우주가 탄생되었다. 그 후 우주가 팽창하면서 별과 행성, 은하계 등이 생겨나는 우주의 진화과정을 거치게 된다. 그 후 '확률적으로 우연히' 생명체가 생존할 수 있는 적절한 조건(온도, 압력, 물과 공기 등)이 마침 지구에 형성되어 결국 생명체가 생겨나고 점차적으로 진화하게 된다."

이러한 주장에는 공통석으로 우주 및 생명체의 첫 출발점이

'확률적 우연성'에 기반해 있는데, 이는 '필연적인 어떠한 원인이나 이유 없이 '0'에 가까운 지극히 낮은 확률을 갖고 어떤 현상이 발생함을 의미하는 것입니다.

무릇 과학이라 함은 자연현상 또는 사회현상에서 발견되는 경험적인 사실들을 관찰하여 그 결과를 데이터로 축적하고, 이를 분석해서 보편적인 원리와 법칙을 찾아내는 것인데, 과학만능주의자들도 우주와 생명체의 기원에 대해서는 '확률적 우연성'에 기반하는 매우 비과학적인 논리를 제시하고 있다는 것입니다.

저는 이를 보면서, 과학만능주의자들의 주장은 외제 마이크를 들고 국산품을 애용하자고 외치는 것과 같은 모순이 있다는 생각이 듭니다.

가톨릭과 과학은 상호보완적입니다.

그러나 가톨릭은 빅뱅 이론과 진화론이 출발점을 충분히 설명하지 못하는 한계는 있지만, 과학적인 논리가 있기 때문에 이 이론들과 적대적이지 않습니다. 오히려 이 이론들이 하느님의 창조론을 뒷받침하는 상호 보완적인 논리라고 생각합니다.

이런 가톨릭의 입장은 2014년 10월 27일에 열린 교황청 과학원 총회에서 프란치스코 교황님이 직접 하신 연설에 잘 나와 있습니다.

"우리가 창세기에서 창조와 관련한 부분을 읽으면 우리는 하느님이 마술사로서 강력한 마술 지팡이를 갖고서 모든 것을 끝내셨다고 상상할 위험이 있습니다. 하지만 이것은 사실이 아닙니다. 하느님은 존재들을 창조하셨고 그분이 각각에게 부여하신 내적인 법칙들에 따라서 그것들이 발전해 나가도록 허용하셨습니다.

오늘날 우주의 기원으로서 제안되고 있는 빅뱅 이론은 창조주 하느님의 개입과 모순되는 것이 아니라 개입에 의존하는 것입니다. 자연 안에서의 진화는 창조에 대한 관념과 갈등하지 않습니다. 진화는 진화하는 존재들의 창조를 전제하기 때문입니다."

하느님의 존재를 과학적으로 입증해주는 과학자들

우주의 현상에 대한 원인과 이유를 연구해온 과학자들에 의하면, 생명체, 특히 인류가 우주에 생존하기 위해서는 광속, 중력 상수, 아보가드로 상수 등 30여 가지의 물리적 상수들로 표현되는 모든 조건들이 한 치의 오차도 없이 완벽하게 갖추어져야만 되는데, 우리의 우주를 보면 정말 그렇게 되어 있다는 것입니다.

그래서 상당수의 과학자들은 우리의 우주가 마치 누군가, 무인가에 의해 미세하고 정밀하게 조율된(fine-tuned) 것처럼 보인다고 생각하며, 이들은 종교가 없는 사람까지도 "지구가 인간을 비롯한 복잡하고 다양한 생명체가 생존하기에 최적의 환경을 갖춘 것은 결코 우연이 아니다!"라고 공통적으로 주장을 한다고 합니다.

가톨릭은 과학자들이 이야기하는 '누군가', '무언가'가 바로 하느님이시라고 설명합니다. 이런 일은 오직 창조주 하느님만이 하실 수 있는 일이기 때문입니다.

그래서 코페르니쿠스, 갈릴레이, 뉴턴 같은 과학자들도 과학이란 바로 창조라는 책을 읽어내는 일이라고 확신했습니다. 또 차동엽 신부님의 책 '무지개 원리'에서 인용한 통계를 보면, 1901년부터 1990년까지 자연과학 분야에서 노벨상을 받은 사람 404명 중 그리스도교 신자가 76%, 유대교 신자가 22% 였다고 합니다.

'아는 것이 힘이다.'란 명언을 남긴 영국 철학자 프란시스 베이컨도 "약간의 과학은 사람을 하느님으로부터 멀어지게 한다. 그러나 더 많은 과학은 그를 하느님께 다시 돌아가게 만든다."라고 하였습니다.

인간 사랑에 올인하시는 하느님

하늘 나라에서 하루는 하느님과 예수님이 한가하게 산책을 즐기고 계셨다. 이때 예수님께서 평소 궁금하게 생각하던 것을 하느님께 물었다.
"아버지, 궁금한 것이 있습니다. 사람들은 왜 아버지는 하느님이라 부르고 저는 예수님이라 불러요? 우리는 부자지간인데 아버지는 '하'씨고 저는 '예'씨잖아요."라고 하자, 하느님께서 대답하셨다.
"아들아, 서양에서는 패밀리 네임(성)이 뒤에 온단다. 우리는 '님'씨 집안이란다."

하느님과 예수님은 '님'씨 집안

그냥 한번 웃자고 하는 유머인데도 저는 하느님과 예수님은 정말로 '님'씨 집안이 맞다는 생각이 듭니다.

우리말에서 '님'은 두 가지 뜻이 있습니다. 하나는 선생님, 신부님, 아버님, 어머님 같이 존경의 뜻을 담은 접미어입니다. 또 하나는 사랑하고 그리워하는 사람을 부르는 호칭입니다.

일제 치하의 암울한 세월을 살았던 승려 시인 한용운은
"님은 갔습니다. 아아, 사랑하는 나의 님은 갔습니다. ……
아아, 님은 갔지마는 나는 님을 보내지 아니하였습니다."라며 조국이 일본의 식민지 치하에 들게 된 비통함과, 언젠가는 독립된 조국으로 돌아올 거라는 간절한 바램을 담은 나라 사랑의 마음을 '님의 침묵'이란 시로 절절하게 표현했습니다.

이처럼 우리에게 '님'은 아름답고 가슴 절절한 사랑의 마음을 담은 말입니다.

인간 사랑에 '올인'하시는 하느님

삼위일체이신 하느님은 사랑 자체이신데, 그 사랑은 모두가 우리 인간을 향하고 있다고 저는 생각합니다. 하느님께서는 우리 인간을 너무나 사랑하셔서, 다른 피조물과는 달리 하느님의 모습으로 창조하셨고 영혼과 자유의지도 주셨습니다.

인간에게 주신 자유의지는 하느님이 우리 인간을 얼마나 사랑하시는지를 가장 단적으로 보여주는 것이라고 생각됩니다. 진정한 자유주의 국가는 국민이 자기 국가를 마음대로 떠날 수 있는 자유까지 허용하는 나라인데, 하느님께서도 우리 인간에게 스스로의 판단에 따라 하느님을 따를 수도 있고, 떠날 수도 있는 완전한 자유를 주신 것입니다. 그래서 이 자유는 잘 쓰면 우리의 삶을 하느님 뜻 안에서 참으로 가치 있고 아름다운 것으로 만들어주지만, 잘못 쓰면 우리가 하느님을 떠나 파멸의 나락으로 떨어지게 만드는 양면성이 있습니다.

우리 인간을 잘 아시는 하느님은 이것이 또 걱정이 되셔서 양심이라는 장치를 통해서 이 자유를 잘못 쓰지 않도록 끊임없이 말씀을 하십니다. 그런데 우리가 교만과 탐욕, 쾌락과 이기심에 빠지면 이 양심의 소리를 못 듣게 되어 하느님으로부터 멀어지게 됩니다. 이런 잘못은 인류의 원조인 아담과 이브에게서 바로 나타났습니다. 아담과 이브는 선악과를 먹으면 하느님과 같아질 수 있다는 사탄의 유혹에 빠져 그 선악과를 먹었고, 그래서 하느님과 함께 영원한 생명을 누릴 수 있는 은총을 저버렸습니다.

우리 인간을 참으로 사랑하시는 하느님께서는 인간이 이런 잘못의 사슬에 영원히 묶여 있게 할 수는 없으셨습니다. 그래서 또 외아들 예수 그리스도를 세상에 보내시어 십자가에 못 박혀 죽게 하심으로써, 인간들의 죗값을 대신 치르게 하시고 하느님 아버지의 나라로 다시 들어갈 수 있는 길을 열어 주셨습니다. 그리고 예수님께서는 하늘 나라로 돌아가신 후에 성령을 또 보내시어, 우리 인간들이 같은 잘못을 반복하지 않도록 끊임없이 돌보고 계십니다.

삼위일체 하느님은 이렇게까지 우리 인간을 사랑하십니다. 삼위일체의 신비도 우리 인간이 다 이해할 수 없는 신비이지만, 저는 우리 인간에 대한 하느님의 한없는 사랑을 보여주시는 신비임에 틀림없다고 생각합니다.

하느님 사랑의 또 다른 이름 '모성(母性)'

우리 인간은 하느님의 모상대로 창조되었는데, 하느님과 가장 닮은 인간의 본성은 모성(母性)이라고 저는 생각합니다.

세상의 어머니들은 하느님 창조 사업의 협조자입니다. 사람이 자라나기 위해서는 무엇보다도 어머니의 무조건적인 사랑과 헌신적인 희생이 있어야만 하는데 이를 위하여 하느님은 세상의 어머니들에게 특별히 '모성'을 주셨습니다. 모성(母性)은 단순히 부성(父性)의 상대어이거나 여성성(女性性)의 일부가 아니라, 하느님의 사랑과 가장 많이 닮은 특별한 은총으로, 이 세상에서 가장 순수하고, 강하고, 무조건적이며, 희생적인 자식 사랑의 마음입니다.

그렇습니다. 자식이 아프면 몸은 자식이 아프지만 마음은 어머니가 아픕니다. 자식이 속이라도 썩이면 정말로 애간장이 새까맣게 탑니다. 자식이 부모님 말을 안 듣고 집을 뛰쳐나갈 때가 있습니다. 그러면 아버지는 제 발로 뛰쳐나간 놈은 자식도 아니라며 문 걸어 잠그고 절대 열어주지 말라고 합니다. 그러나 어머니는 혹시나 자식이 돌아올까 봐 뒤 켠 쪽문은 열어 놓고 기다립니다.

그래서 인종이 다르고 정서가 달라도 어머니를 그리는 노래는 이 세상 모든 사람들의 심금을 울리는 것입니다. 17세기 네덜란드의 화가 렘브란트도 '돌아온 아들'의 그림을 그리면서, 아들을 감싸주는 아버지의 오른손은 여자의 손으로 그려서 이러한 하느님의 모성 같은 사랑을 표현하였습니다.

저는 하느님은 우리의 아버지이기 이전에 어머니 같은 분이라고 확신합니다.

우리 모두는
하느님의 자녀이며 한 형제

어떤 크리스천 아빠가 유치원 다니는 아들에게 '주님의 기도'를 가르치려고 "하늘에 계신 우리 아버지."라고 하자, 아들이 "하늘에 계신 우리 할아버지." 하는 것이었다.

그래서 "하늘에 계신 우리 할아버지가 아니라 하늘에 계신 우리 아버지"라고 해야지 하며 잘못을 고쳐 주자, 아들이 "아빠한테 아버지면 나한테는 할아버지 아니야?" 하고 말했다. "아니야, 하느님께는 모든 사람이 다 똑같은 자식이란다. 그래서 '아버지'라고 해야 돼, 알았지?"라고 알려주자 아들이 대답했다. "알았어, 형."

더불어 사는 최고의 지혜, 사랑

마르코 복음서 12장 28-34절에 보면 예수님의 가르침은 두

계명으로 요약됩니다. "네 마음을 다하고 네 목숨을 다하고 네 정신을 다하여 주 너의 하느님을 사랑해야 한다." 그리고 "네 이웃을 너 자신처럼 사랑해야 한다."입니다.

예수님은 이 말씀을 기회가 있을 때마다 끊임없이 반복해서 하십니다. 부처님의 가르침은 '慈悲(자비)'로 요약되고, 공자님의 가르침은 '仁(인)'으로 요약할 수 있는데, 예수님이 강조하시는 '사랑'과 기본적으로 같은 의미를 담고 있는 말입니다. 인류사에서 가장 위대한 성인들이 같은 가르침을 준 것은, 이웃을 배려하며 더불어 살 줄 아는 것이 우리 인간 세상에서 가장 중요한 요소이기 때문일 것입니다.

그런데 가만히 보면 예수님의 가르침은 결이 약간 다르다고 저는 생각합니다. 예수님은 "네 원수도 사랑하라."(마태 5, 43-45) "친구를 위해서 목숨을 내어 놓는 것보다 더 큰 사랑은 없다."(요한 15, 13)고까지 강하게 말씀하십니다.

우리 모두는 하느님을 아버지로 둔 한 형제

하느님께서는 우리 인간을 너무나 사랑하셔서 다른 피조물과는 달리 모습부터 하느님을 닮도록 창조하셨고, 다른 동물에게는 없는 영혼과 자유의지까지 주셨습니다. 그래서 하느님께서는 한 사람 한 사람이 모두 하느님의 소중한 사녀이며, 유머의 아들 말처럼 우리는 모두가 한 형제인 것입니다.

자식을 가진 부모들은 "열 손가락 깨물어서 안 아픈 손가락 없다."는 말에 머리가 아니라 가슴으로 동의합니다. 그리고 집안의 대소사로 자식들이 모이는 기회가 있을 때마다 "너희들 모두 건강하고, 형제들 간에 우애 있게 지내야 한다."고 강조하며, 죽을 때 마지막 유언도 "너희들 모두 행복하고 형제들 간에 우애 있게 잘 지내거라."입니다.

예수님의 말씀과 세상 부모들의 말이 참 많이 닮았습니다. 김수환 추기경님께서도 "그리스도인에게 아침은 해가 떴을 때가 아니라 길을 가는 사람들이 형제로 보일 때."라고 말씀하셨습니다.

예수님이 주신 제 1 계명도 결국은 인간사랑

예수님께서는 제1 계명으로 '네 마음을 다하고 네 목숨을 다하고 네 정신을 다하여 주 하느님을 사랑하라.'고 가르치셨습니다. 창조주 하느님은 우리의 참 아버지이시니 하느님을 공경하고 흠숭하는 것은 너무도 당연한 인간의 도리입니다. 그러나 저는 이 말씀도 하느님을 공경하고 흠숭하는 것뿐만 아니라, 우리 인간들을 더 잘되게 해주기 위한 하느님의 깊은 사랑이 숨어 있는 가르침이라고 생각합니다.

하느님은 지극히 거룩하시고 완전하신 분입니다. 그래서 우리 인간이 사랑하고 찬양하지 않으면 뭔가 부족하고 섭섭해지시는 분이 아닙니다. 세상의 부모들도 자식들에게 "우리는 걱정하지 마라, 너희들만 잘 되면 우리는 더 바랄 것이 없다."라고 합니다. 하느님이 세상의 부모들보다 속 좁고 질투가 많은 분이겠습니까? 아닙니다. 하느님은 세상의 부모들보다 자녀인 우리들이 잘 되기만을 더 바라시고, 우리가 잘못되면 더 마음이 아프신 분입니다.

우리 인간과 하느님의 관계는 요한 복음서 15장 1-8절에 나오는 포도나무와 가지의 비유와 같기 때문에 하느님을 떠나면 잘못되게 되어 있습니다. 포도 가지가 나무에 붙어있으면 풍성하게 열매를 맺지만, 나무를 떠나면 열매를 맺지 못하는 것은 물론, 말라서 불구덩이에 던져지게 되는 이치와 같은 것입니다.

하느님은 이만큼 우리 인간을 사랑하십니다. 하느님은 정말 우리의 아버지시고, 우리 인간은 모두가 하느님을 아버지로 둔 한 형제임이 틀림없습니다. 그래서 우리는 서로 사랑해야 합니다.

베드로같이 키우는 믿음

사회적 지위도 있고 재산도 좀 있는 독실한 크리스천 집안이 있었다. 어느날 딸이 사윗감을 데리고 집에 첫인사를 왔다. 아버지가 사윗감에게 궁금한 것을 몇 가지 물어보았다.

"자네 직장은 있는가?" 그러자 사윗감이 "하느님께서 알아서 해주시라 믿습니다." 하고 대답했다. 그러자 아버지가 다시 "자네 결혼하면 살 집은 있는가?" 하고 묻자, 사윗감은 이번에도 "하느님께서 다 알아서 해주시리라 믿습니다"라고 대답을 했다.

뭔가 미덥지 않은 아버지가 "자네 혹시 나를 하느님이라고 생각하는 건 아닌가?" 하고 묻자 사윗감이 기다렸다는 듯이 대답했다. "빙고!"

베드로의 믿음과 바오로의 믿음

처갓집에 대한 예비사위의 믿음이 참으로 확고한 것 같습니다.

하느님에 대한 믿음은 기본적으로 하느님께서 주시는 은총으로 옵니다. 하느님은 각자의 사정에 맞는 다양한 방법으로 우리를 부르시는데, 믿음의 은총을 받는 대표적인 두 가지 형태에 대해서 생각해보고 싶습니다.

첫째 형태는 바오로 사도처럼 강렬하고 직접적인 은총을 받는 것입니다.

바오로 사도는 원래 12사도 중의 한 사람도 아니고 오히려 그리스도교 신자들을 박해하는 사람이었으나, 그리스도인들을 잡으러 다마스쿠스로 가는 길에, 예수님으로부터 강렬한 메시지를 받고 그리스도인으로 다시 태어나게 되었으며, 순교하기까지 그 믿음을 한 번도 흩트리지 않았습니다.

그리고 성경에도 보면, 예수님으로부터 병 고침을 받고, 죽음에서 다시 살아나는 기적을 체험한 사람들과, 또 이런 기적을 직접 목격한 사람들이 굳은 믿음이 생겨서 예수님을 열심히 믿고 따랐습니다. 지금도 기도를 통해 소망이 이루어지는 신비한 체험을 한 후 굳은 신앙인이 되는 사람들이 있습니다.

둘째 형태는 베드로 사도와 같은 경우라고 생각합니다.

베드로는 예수님의 부름을 받아서 제자가 되었는데, 예수님이 일으키시는 기적을 수없이 보았는데도 물위를 걸으면서 예수님을 믿지 못했고, 예수님이 잡혀 가실 때는 세 번이나 배반하였습니다.

그리고 로마에 가서 전교를 하다가 박해가 심하자 로마를 떠나려 했습니다. 베드로는 로마를 떠나는 길에서 예수님을 만나자 "꿔바디스?" 하고 예수님께 묻습니다. 이 말은 "주여 어디로 가시나이까?"란 말입니다. 그러자 예수님께서 "네가 로마를 떠나니 내가 대신 로마로 간다"라고 말씀하십니다. 베드로는 다시 한 번 깊이 반성하고 로마로 다시 들어가서 끝내 순교를 하였습니다.

베드로는 때때로 믿음이 흔들렸습니다. 그러나 그때마다 깊이 회개하고 길이요 진리요 생명이신 예수님에 대한 믿음을 회복하였습니다. 그래서 베드로는 예수님의 수제자로서의 사명을 다하였고, 베드로의 무덤 위에는 가톨릭의 중심인 베드로 대성당이 서게 되었습니다.

믿음은 부르시는 형식보다 키워가는 자세가 더 중요

그래서 저는 정말 중요한 것은 부름의 형식이 아니라 하느님의 부르심에 응답하고 그 믿음을 키워가는 우리의 자세라고 생각합니다. 이런 이야기가 있습니다.

어느 작은 섬나라가 있었는데 그 나라는 잘 살기는 하는데 임금과 왕자가 모두 애꾸눈이었다. 그래서 섬나라 밖에서는 이 나라를 병신들의 나라라고 불렀다. 어떤 사람이 이것이 궁금하여 그 섬나라에 가서 확인해보았더니 이런 사연이 있었다. 나라에 도박이 성행하자 임금이 앞으로 도박을 하는 자는 눈을 뽑겠다는 엄명을 내렸다. 그랬는데 왕자가 도박놀이를 하다 제일 먼저 벌을 받게 되었다. 백성들과 한 약속을 안 지킬 수도 없고, 장차 나라를 다스려야 할 왕자를 장님으로 만들 수도 없는 난처한 처지에 놓인 임금은 자신의 눈 하나와 왕자의 눈 하나를 뽑았다. 이런 임금의 모습에 백성들은 감동을 하였고 왕자도 크게 뉘우치고 훌륭한 임금이 되었다. 이 사실이 알려지자 이 섬나라는 병신의 나라가 아니라 성군의 나라로 불리게 되었다.

저는 신앙도 이 이야기와 같다고 생각합니다. 우리가 깊이 들어가 보지 않고 겉모습만 보면, 십자가에 달려있는 예수님은 구경거리거나 하나의 상징으로만 보일 수 있습니다. 그러나 그것이 우리를 구원하기 위한 하느님 자신의 희생이었다는 진실을 알게 되면, 우리는 그 밑에서 감사한 마음에 뜨거운 눈물을 흘리지 않을 수 없을 것입니다. 나태주 시인도 "가까이 보아야 아름답다, 오래 보아야 사랑스럽다. 너도 그렇다."라고 노래했습니다.

저는 어머니에게 업혀서 교회를 다니기 시작했는데, 50이 되기 전까지는 하느님에 대한 믿음은 확실했지만 하느님께서 내 안에 함께 하신다는 체험이 없었기에 스스로 '막연한 확신'이라 불렀습니다.

그러나 저는 20대에 '신앙생활 착실히 하기'를 제 삶의 지표로 삼고, 예수님의 가르침을 삶 속에서 실천하고자 꾸준히 노력하며, 시시때때로 시련과 고통이 찾아오더라도 하느님이 우리를 사랑하시는 아버지라는 믿음은 굳게 가졌습니다.

저는 믿음의 씨앗은 은총으로 주어지지만, 굳은 믿음은 바오로 사도의 경우처럼 번쩍하고 오기 보다 베드로 사도 같이 황소 같은 우직한 자세로 한 걸음 한 걸음 하느님께로 다가갈 때 온다고 생각합니다.

우리의 믿음은 이런저런 이유로 얼마든지 흔들릴 수 있습니다. 그래서 우리는 늘 기도해야 합니다. 정말 겸손한 마음으로 차분하게 기도를 하면 전능하신 하느님의 신비와 십자가에서 희생되신 예수님의 사랑이 점점 더 선명하게 보일 것입니다. 그때 우리의 믿음은 작은 바람에도 흔들리는 갈대가 아니라, 태풍에도 꺾이지 않는 거목으로 성장할 거라고 저는 믿습니다.

하느님이 중심이 되는 삶

늘 하느님을 삶의 중심에 모시는 독실한 크리스천이 있었는데, 어느날 명마 한마리를 선물로 받았다.

이 크리스천은 이 말에게도 '할렐루야' 하면 달리고 '아멘' 하면 서도록 훈련을 시켰다.

하루는 넓은 광야로 나가서 마음껏 말이 달려보도록 하였는데, 앞에 낭떠러지가 갑자기 나타났다. 그래서 빨리 말을 멈추어야 하는데 당황한 나머지 '아멘'이란 말을 그만 잊어버렸다.

순간 하느님께 살려달라고 기도를 하였더니 "빨리 '아멘' 하거라." 하는 하느님의 음성이 들렸다. 그래서 큰 소리로 '아멘'을 외쳤더니 낭떠러지 한 발 앞에서 말이 가까스로 멈추었다.

그러자 위기에서 구해주신 하느님의 크신 은혜를 찬양하는 말이 자신도 모르게 튀어나왔다. '할렐루야!' '할렐루야!'

이 말을 들은 말은 두 배로 다시 힘껏 달렸다.

평신도도 하느님을 중심에 놓는 삶이 가능할까?

그리스도인이 가장 그리스도인답게 사는 방법은 유머의 크리스천처럼 자기 삶의 중심에 하느님이 계시도록 사는 것, 그래서 예수님을 닮아가는 성덕(聖德)의 길을 가는 것이라고 생각합니다.

그런데 이런 생각에 대해 이런 의문도 가질 수 있을 거라는 생각도 듭니다. "나는 성직자나 수도자들처럼 세속적인 삶을 버리고 모든 것을 하느님을 위해 바치는 사람도 아니고, 하루하루 벌어먹기도 힘든 생활인인데, 하느님이 삶의 중심이 되도록 사는 것이 현실적으로 가능한 일일까?" 하는 의문입니다.

또 하느님이 삶의 중심이 되는 것은 그리스도인으로서 마땅하고 좋은 일인 줄은 알겠는데, 치열한 경쟁사회를 살아가는데 이런 삶이 도움이 되기보다 오히려 부담이 되지는 않을까 하는 의문입니다. 그래서 신앙생활이 좋을 것 같다는 생각은 하면서도, 이러한 현실적인 의문 때문에 교회는 나중에 천천히 나가겠다고 생각 하는 사람들도 실제로 있습니다.

하느님이 중심이 되는 삶은 누구나 가능합니다.

얼핏 보면 위와 같은 생각은 나름대로 현실성 있는 생각 같아

보입니다. 그러나 저는 위의 두 가지 의문은 사실을 오해한 면도 있고, 진정한 신앙의 힘을 잘 이해하지 못한 면이 있다고 생각합니다. 또 저는 평범한 신자들도 얼마든지 하느님을 내 삶의 중심으로 모시고 살 수 있으며, 이러한 삶이 이 세상에서의 삶도 더 잘 살 수 있게 만들어 준다고 확신합니다.

우선 하느님을 내 삶의 중심에 모시는 것은, 외적 신분이나 하는 일의 형태 등 겉으로 드러나는 외형적 모습에 의해 결정되는 것이 아니라, 언제 어디서 무엇을 하든 그 목적이 내 뜻보다 하느님의 뜻을 향하는 것이라고 생각합니다.

돈을 버는 목적이 나 혼자 잘 먹고 잘 살겠다가 아니라, 김밥 장사를 하면서도 연말 불우이웃 돕기 성금을 누구보다 많이 내는 김밥할머니 같은 사랑의 뜻이 있다면, 또 직장에서 일을 열심히 하는 목적이 나만 성공하고 출세하겠다가 아니라, 하느님께서 나에게 주신 탈렌트를 아낌없이 발휘하여 세상에 기여하고 싶다는 공익적 뜻이 있다면, 그리고 자식을 잘 키우는 것이 내 자식만큼은 남보다 잘 되게 하기 위해서라는 생각보다 하느님께서 나에게 맡겨 주신 하느님의 자녀를 잘 돌보아야 한다는 생각이 앞선다면, 이런 자세는 성직자나 수도자 못지않게 하느님이 내 삶의 중심이 되는 훌륭한 그리스도인의 삶이 되는 것이라고 저는 생각합니다.

일상 속에 하느님을 모시는 참 쉬운 방법

이런 이야기가 있습니다.

성당을 새로 짓는 공사장을 찾아가 벽돌을 쌓고 있는 인부 세 사람에게 "지금 무엇을 하고 있냐?"고 물어보았다. 그랬더니 첫 번째 사람은 "먹고 살려고 일하고 있습니다."라고 대답했다. 두 번째 사람은 "보면 모르시요. 벽돌을 쌓고 있지 않소." 하고 대답했다. 세 번째 사람은 "하느님을 모실 성전을 짓고 있습니다."라고 대답하였다.

그렇습니다. 세 번째 사람처럼 생각하면 우리의 일상 하나하나를 하느님의 뜻을 실천하는 거룩한 현장으로 만들 수 있습니다.

프란치스코 교황님도 '자녀의 말을 참을성 있게 들어주기', '길거리에서 불쌍한 사람에게 따뜻한 말 건네기' 같은 평범한 주부가 할 수 있는 예까지 드시면서, "거룩한 사람이 되고자 주교나 사제나 수도자가 될 필요는 없습니다. 우리는 모두 사랑으로 살아가고 각자 어느 곳에 있든 날마다 자신이 하는 모든 일에서 고유한 증언을 하면서 거룩한 사람이 되라고 부름 받고 있습니다."라고 말씀하셨습니다.

그리고 하느님의 뜻에 맞게 사는 삶이 얼핏 보면 이 세상을 살아가는 데는 손해를 보고 불편을 가져다줄 것도 같지만, 궁극적으로는 이 세상에서의 삶도 더 잘 살게 해주는 길이라고 저는 확신합니다. 그리스도인들의 성공 스토리에 대한 사례는 수도 없이 많으며, 저는 군대에서도 계급이 올라갈수록 그리스도 신앙을 가진 사람들의 비율이 점점 높아지는 것을 많이 보았습니다.

창조(創造)와 봉사(奉仕)

저는 군 생활이 본격적으로 시작된 초급장교 시절, 군의 장교이며 리더로서 어떤 가치를 지향하며 살 것인가를 고민하였습니다.

3년쯤 고민하였는데 저의 가슴에 꽂힌 첫 번째 화두는 영국의 역사학자 토인비 박사가 말한 'Creative minority'(창조적 소수), 즉 세상은 창조적 소수가 발전시킨다는 말이었습니다. 그래서 저는 어디서 무슨 일을 하든 나로 인하여 내가 일하는 분야와 우리 군, 나아가 나라와 세상이 조금이라도 발전하는데 기여하는 사람이 되어야겠다고 생각했습니다.

그리고 세상을 훌륭하게 살았던 사람들의 공통점을 보았더니, 그들은 한결같이 자신이 가진 능력, 재산, 열정을 자기를 위해서가 아니라 이웃과 세상을 위해서 쓰는 봉사적 삶을 살았음을 알게 되었습니다.

그래서 저는 예수님을 따르는 그리스도인으로서 '創造(창조)'와

'奉仕(봉사)'를 저의 가치관으로 삼고, '소외되고 불쌍한 이웃을 언제나 잊지 않으며, 창조적 발전을 도모하고 봉사적 삶을 사는 리더'를 저의 인생관으로 정하였습니다.

이러한 생각은 어릴 적부터 제 마음 속에 함께 계셨던 하느님께서 이끌어 주신 것이라고 저는 믿습니다.

저는 군인으로서 부족함이 참 많았고 또 신앙적으로도 미흡한 점이 많았지만, 하느님의 뜻을 따르는 삶을 살고자 했던 저의 지향과 실천 노력이, 힘들고 어려운 군인의 길을 꿋꿋하고 기쁘게 걸어갈 수 있도록 이끌어 주었다고 확신하며 하느님 아버지께 깊이 감사드립니다.

믿음과 사랑은
행동으로 실천하는 것

유치원에 다니는 마태오가 친구 생일 잔치에 초대받았다. 엄마는 친구에게 줄 선물을 예쁘게 싸 주면서, 끝나고 돌아올 때 친구 부모님께 "오늘 잘 먹고 잘 놀았습니다. 감사합니다."라고 인사를 꼭 해야 된다고 마태오에게 가르쳤다. 친구집에 가자 마태오는 친구 부모님께 "안녕하세요."하며 예의 바르게 인사를 했다. 그리고는 바로 친구 부모님께 "제가 재미있게 놀다 보면 우리 엄마가 말씀하신 걸 잊어버릴까 봐 미리 말씀드리는데요, 오늘 잘 먹고 잘 놀았습니다, 감사합니다."라고 배꼽 인사를 했다.

믿음은 말이 아니라 행동으로 실천하는 것

엄마 말씀을 꼭 실천하려고 나름 대로 지혜를 낸 어린 마태오의 마음이 참 귀엽고 기특합니다.

그리스도인은 하느님을 믿는 사람이며, 예수님께서는 많은 병자들과 장애인들을 고쳐 주실 때마다 "네 믿음이 너를 낫게 하였다."라고 말씀하십니다. 믿음은 우리 신앙의 시작인 것이 맞습니다.

그런데 사실 예수님께서 더 강조하신 것은 하느님의 뜻을 행동으로 실천하는 것입니다. 마태오 복음서 7장 21-23절에 보면, 예수님께서는 "나에게 '주님, 주님!' 한다고 모두 하늘 나라에 들어가는 것이 아니다. 하늘에 계신 내 아버지의 뜻을 실행하는 이라야 들어간다."라고 말씀하십니다.

그렇습니다. 우리 속담에도 '부뚜막의 소금도 집어넣어야 짜다'라는 말이 있습니다. 한 말의 소금이라도 부뚜막에 놓여만 있으면 결코 음식의 맛을 낼 수가 없습니다. 음식의 맛을 내는 것은 단 한 알의 소금이라도 음식 속에 들어간 소금입니다.

천애(踐愛)

저는 '창조와 봉사'라는 가치관을 가지기에 앞서서, 생도 3학년 때 사랑을 실천하는 삶을 살라는 예수님의 가르침을 따라야 한다는 생각을 하고, 제 호를 실천할 踐(천)자와 사랑 愛(애)자를 써서 '踐愛'라고 스스로 지었습니다. 1974년 12월 12일에 쓴 저의 비망록에는, 이런 취지와 함께 "하느님을 사랑하고, 조국을 사랑하고, 어머니께 효도하면서 이웃을 사랑하는 삶을 살자"라는 세 가지 실천 방향이 적혀 있습니다.

저는 군 생활을 마치고 사회로 돌아가는 부하들의 성공과 행복을 위해서 '청춘들을 사랑한 장군'이란 책을 썼습니다. 저는 이 책의 3부에 "젊은 시절에 실천한 나의 10가지 인생 밑천"이란 제목으로 제가 20-30시절에 늘 실천하려고 노력했던 10가지를 적어 놓았는데, 이중 5번은 "웃는 얼굴로 반갑게 인사하기"이고, 6번은 "품격 있고 따뜻하게 말하기"입니다. 이것은 제가 일상생활에서 이웃에게 사랑을 실천하는 방법으로 생각한 것이었습니다.

제가 장교 생활을 시작하였을 때는, 지금과는 달리 군대 내에 구타나 폭언이 많았고 인권 개념도 희박했던 시절이었습니다. 그렇지만 저는 세상 모든 사람이 똑같은 하느님의 소중한 자녀라는 생각을 했기 때문에 병사들도 소중한 인격체로 존중하였고, 남에게 상처주는 말 절대 하지 않기, 이왕이면 힘이 되고 기분이 좋아지는 따뜻한 말하기를 실천하려고 노력했으며, 40여년의 군생활 동안 아랫사람에게 욕을 한마디도 하지 않았습니다.

그리고 소대장으로 부임해서 출근을 하면서 만나는 사람들과 인사를 하는데, 어떤 사람은 같이 웃으면서 인사를 하고, 어떤 사람은 무표정하게 사무적으로 인사를 하고, 어떤 상관은 아주 성의 없이 인사를 받는 것을 보았습니다. 저는 이때 "아, 인사 하나만 가지고도 사람을 기분 좋게 할 수도 있고 기분 나쁘게 만들 수도 있구나. 그렇다면 그리스도인인 나는 내 인사를 받는 사람이 기분이 좋아지도록 언제나 웃으면서 반갑게 인사하도록 하자."라고 마음먹고, 계급과 신분을 가리지 않고 만나는 사람에게 제가 먼저 웃으면서 인사했습니다.

그리스도인은 소외되고 약한 사람을 먼저 챙기는 사람

저는 또 예수님께서 늘 소외되고 약한 사람들을 먼저 챙기셨던 모습을 생각하며, 저도 그렇게 따라 해야 한다고 생각했습니다. 그런 생각을 하니까 병사들 말도 늘 귀담아 듣게 되고, 대대장 때는 장거리 행군을 한 후에는 400여 명에 달하는 대대 병사들의 발을 모두 확인하고 퇴근하게 되었습니다. 또 사단장과 군단장 시절에는 명절마다 가장 소외된 곳인 영창에 가서 수감자들과 식사를 하고, 병원을 찾아가서 환자들을 위문하였으며, 지휘관을 나갔을 때도 항상 장교들보다 부사관들과 먼저 회식을 하였습니다. 그리고 부대 내의 불우한 환경에 있는 부하들이나 부대 주변의 소외된 복지시설에도 늘 관심을 가지고 성의껏 도왔습니다.

사랑은 더 큰 사랑과 기적을 낳습니다.

저는 예수님의 가르침대로 사랑을 실천한 것이 더 큰 사랑으로 되돌아오고, 기적 같은 일도 일으키는 것을 많이 경험하였습니다.

저희 부대는 검열이나 평가에서 우수한 평가를 많이 받았는데, 상급부대 검열관들이 "이 부대는 부대원들의 참여정신이 참 좋고, 특히 병사들이 지휘관을 진심으로 좋아하는 모습에 감동을 받았다."는 이야기를 많이 했습니다. 제가 사단장을 마치고 떠나올 때 비무장지대를 지키는 GP병사들이 선물로 준 기념 액자에는 "병사들을 가장 사랑하는 사단장님, 병사들이 가장 사랑하는 사단장님"이라고 적혀 있었습니다.

그런데 저에게는 정말 드라마 같은 사랑의 경험이 하나 있습니다.

제가 국방부 정책실장을 할 때 국방부가 있는 용산구의 구청장은 성장현 구청장이었는데, 성장현 구청장은 제가 2사단 수색대에서 1중대 1소대장으로 근무할 때 3중대 병사로 근무를 하였던 전우였습니다.

하루는 전우들 몇 명이 모여서 식사를 하는데, 제가 천주교 신자인 것을 아는 성장현 구청장이 용산 당고개 성지 이야기를 하는 것이었습니다. 당고개 성지는 아홉 분의 순교 성인과 최양업 신부님의 어머니인 복자 이성례 마리아가 순교한 성지인데, 자신이 구청장으로 와서 보니 당고개 성지가 재개발로 인해 크게 훼손될 위기에 있더라는 겁니다. 그래서 당고개 성지를 살리는 새 계획을 추진해서 오늘날의 당고개 성지가 되는데 결정적으로 기여를 했고, 그래서 서울대교구장님으로부터 감사패도 받았다고 하였습니다.

그런데 정말 놀라운 이야기가 그 다음에 나왔습니다. 자기는 3중대 병사였지만 1중대의 임관빈 소대장님이 병사들을 정말로 사랑하는 것을 보고, 저런 소대장님이 다니는 성당이면 따라가고 싶다는 생각이 들어서 성당에 다니고 세례도 받았다는 것이었습니다.

저는 이 이야기를 듣고, 전방의 한 소대장이 병사들을 사랑한 것이 30여 년이 흐른 뒤에 성지를 살리는 불씨가 되는 하느님의 놀라우신 역사에 전율하였고, 하느님께서 저를 이런 일에 써 주신 것에 깊이 감사드렸습니다.

저는 지금까지 사랑은 반드시 더 큰 사랑으로 되돌아오고 기적도 만들어 내는 경험을 정말 많이 하였으며, 사람에게서 돌아오지 않는 사랑은 하느님께서 몇 배로 더 키워서 갚아 주신다는 것을 굳게 믿습니다.

하느님께 드리는
올바른 기도 자세

마태오는 매우 믿음이 좋은 어린이인데, 하루는 늦잠을 자서 미사 시간에 늦을 것 같았다. 그래서 미사 시간에 늦지 않게 해달라고 열심히 기도를 하면서 성당으로 달려갔다.
성당 앞에 도착하니 미사 일 분 전이었다. 그래서 미사에 늦지 않게 해 주신 하느님께 감사드리며 서둘러 계단을 올라가다가 그만 계단에 걸려서 엎어지고 말았다. 그러자 마태오가 일어나면서 뒤를 돌아보고 한마디 중얼거렸다.
"하느님, 그렇다고 밀 것까진 없잖아요."

청하여라, 찾아라, 두드려라.

우리는 그리스도인으로서 청원기도를 많이 하게 되는데, 이것은 예수님께서도 말씀을 하셨기 때문입니다.
마태오 복음서 7장 7 8절에도 보면, "청하여라, 너희에게 주실 것이다. 찾아라, 너희가 얻을 것이다. 문을 두드려라, 너희에게 열릴 것이다. 누구든지 청하는 이는 받고, 찾는 이는 얻고, 문을 두드리는 이에게는 열릴 것이다." 라고 예수님께서 분명히 말씀하셨습니다.

그런데 살다 보면 그 말씀이 내 삶에서는 잘 이루어지지 않는 것 같을 때가 솔직히 있습니다. 이것은 유머의 마태오 어린이 같은 확신이 부족하고, 하느님께 기도하는 우리의 자세에 문제가 있기 때문이라고 저는 생각합니다.

기도를 들어주시는 때와 방법은 하느님이 정하십니다.

저는 하느님께 드리는 기도를 돈을 넣으면 물건이 바로 떨어지는 자판기처럼 생각해서는 안되며, 기도를 들어주시는 때는 하느님이 정하신다고 생각합니다.

우리는 유치원 다니는 자식이 핸드폰을 사달라고 조르거나, 중학생 아들이 운전을 해보고 싶다고 해도 들어주지 않습니다. 아직 때가 아니기 때문입니다. 물론 우리의 기도가 철부지의 요구 같은 것은 아니겠지만, 하느님께서 우리의 청을 바로 들어주시지 않는 것은 적절한 때를 기다리시기 때문이라고 생각합니다.

저도 청원 기도를 하는데, 어떤 때는 9일 기도가 끝나는 날에 맞추어 그대로 이루어져서 놀라워 한적이 있는 반면, 어떤 기도는 30년이 훌쩍 지난 뒤에 슬그머니 이루어진 것도 있었습니다.

그리고 우리의 청을 들어주시는 방법도 하느님께서 정하신다고 저는 생각합니다.

하느님께서는 우리가 청하는 것이 우리에게 정말 좋은 것이 아니면 그대로 들어주시지 않을 수도 있습니다. 또 승진이나 합격처럼 나의 기도를 들어주면 그만큼 누군가에게 불이익이 돌아가야 하는 기도는, 하느님께서도 그대로 들어주시기 곤란하십니다. 그 대신 믿음이 진실되면 하느님께서는 다른 더 좋은 선물을 틀림없이 주십니다.

청원 기도는 간절함 보다 정성이 더 중요

'피그말리온 효과'는 간절히 원하고 기대하면 원하는 바를 이룰 수 있다는 것을 뜻하는 말입니다. 이 말은 피그말리온이라는 조각가가 아름다운 여인상을 조각하였는데, 이 조각상이 살아있는 여자보다도 아름다워 정말 사람으로 변하기를 간절히 바랐습니다. 그래서 여신 아프로디테가 그 간절함을 받아들여 이 조각상에 생명을 불어넣어 주었다는 그리스 신화에서 유래한 말입니다.

그런데 저는 청원 기도가 정말 응답을 받기 위해서는, 피그말리온 같은 간절함도 필요하지만 정성이 더 중요하다고 생각합니다. 우리 말에도 "지성(至誠)이면 감천(感天)"이란 말이 있고 서양에서도 "하늘은 스스로 돕는 자를 돕는다."라고 하였습니다.

우리가 청원기도를 할 때 가져야 할 정성은 세가지 요소, 즉 '진실한 믿음', '최선을 다함', '한결같음'으로 이루어진다고 저는 생각합니다.

'진실한 믿음'은 하느님에 대한 믿음에 의심이 없어야 한다는 말입니다. 기도를 하면서도 '하느님께서 내 기도를 정말 들어주실까? 이런 청을 들어주시는 게 가능은 할까?'라며 의심을 하고, 답답한 마음에 용하다는 사람을 찾아가 점도 보는 것은 진정한 그리스도인의 기도가 아닙니다.

그리고 하느님께 청을 하더라도, 먼저 내가 인간적으로 할 수 있는 '최선'을 다해야 합니다. 그리스도 신앙을 몰랐던 옛 조상들도 언제나 "盡人事 待天命(진인사 대천명)"이라고 했습니다. 최선을 먼저 다하고 결과는 하늘의 명을 기다리라는 말입니다.

'한결같음'은 기도를 안 들어주시는 것 같아도 포기해서는 안 되는 것을 말합니다. 예수님께서도 한밤중에 벗을 찾아가 빵 세

개만 꾸어 달라는 사람의 비유(루카 11, 5-13)까지 들어가시며 끊임없이 간청하라고 하셨습니다. 저는 또 기도를 안 들어주시는 것 같아도, 하느님을 절대 원망해서는 안 된다는 뜻도 여기에 포함되어 있다고 생각합니다.

청원 기도를 할 때 정말 중요한 것

저는 우리가 청원 기도를 할 때 정말 중요한 것은 다음 세 가지라고 생각합니다.

첫째는 하느님께 청을 하기에 앞서서, 내가 하느님 뜻에 어긋나게 산 것은 없었는지를 겸손하게 살펴보고, 또 예수님께서는 이 같은 상황에서 어떻게 하실까를 여쭈어 보는 것입니다. 많은 경우는 여기에서 이미 기도의 응답을 얻을 수 있습니다.

둘째는 예수님이 겟세마니 동산에서 "아버지, 아버지께서는 무엇이든 하실 수 있으시니 이 잔을 저에게서 거두어 주십시오. 그러나 제가 원하는 것을 하지 마시고 아버지께서 원하시는 것을 하십시오."(마르 14, 32-52)라고 기도하셨듯이, 내 뜻보다 하느님 뜻을 앞세우는 것입니다.

셋째는 예수님께서 "너희는 먼저 하느님의 나라와 그분의 의로움을 찾아라. 그러면 너희가 필요한 것들까지 덤으로 받게 될 것이다."(마태 6, 33)라고 하신 말씀을 기억하는 것입니다.

제가 군인으로서 걸어온 삶을 돌아보아도 마태오 복음 6장 33절의 말씀은 기도를 독려하시려고 하신 말씀이 아니라, 하느님의 권위를 걸고 약속하신 말씀임을 저는 확신할 수 있습니다.

저는 타고난 군인도 아니고, 군인적 자질도 많이 부족한 사람이었습니다. 육사도 군인이 되려고 간 것이 아니라 육사에 대한 동경심 때문에 지원을 했다가 군인이 되었는데, 군대 생활을 하면 할수록 나라를 위해 하나뿐인 목숨도 기꺼이 바치는 군인이 참으로 명예롭고 자랑스러운 길임을 알게 하시고, 수만 명의 부하를 지휘할 수 있는 자질과 능력을 끊임없이 키워주셨습니다.

저는 제 안에서 이루어진 하느님의 놀라우신 역사를 큰 소리로 고백하지 않을 수 없습니다.

제 2 부

예수님, 저희 때문에 얼마나 아프고 힘드셨어요?

사람이 되어 오신 하느님

예수님은 어떻게 다르신가?

인간을 구원하러 오신 예수님

예수님이 알려주신 하느님 나라

예수님의 첫 가르침, 행복

예수님이 보여주신 하느님의 사랑

예수님의 수난과 죽음

부활하신 예수님과 성모님

예수님이 주신 마지막 선물, 평화

사람이 되어 오신 하느님

가톨릭 재단에서 운영하는 초등학교가 있었다.

이 재단의 이사장 신부님은 "우리를 낳아 주신 분은 하느님이고, 우리를 기르신 분은 부모님이다."라는 것을 특별히 강조하셨고, 교실을 돌아볼 때면 언제나 앞에 앉은 두 학생에게 이것을 확인하였다.

하루는 이사장 신부님이 교실을 돌아보신다고 하셔서 선생님도 첫 번째 앉은 마태오에게 "너는 무조건 '예, 하느님이십니다.'" 하고, 두 번째로 앉은 맹구에게는 "너는 무조건 '예, 부모님이십니다.'"라고 대답하라고 교육을 시켰다.

그런데 첫 번째 앉은 마태오가 갑자기 배탈이 나서 화장실엘 갔는데 이사장 신부님이 들어오셨다. 그리고는 첫 번째 학생인 맹구에게 "너를 낳아준 분은 누구지?" 하고 질문을 하였다. 맹구는 "예, 부모님이십니다."라고 자신있게 대답했다. 그러자 이사장 신부님이 얼굴이 굳어지시면서 "하느님이 낳아 주신 게 아니고?" 하고 맹구에게 다시 질문하자 맹구가 대답했다.

"하느님이 낳아 주신 애는 화장실 갔는데요."

예수님은 과연 누구신가?

예수님의 정체성에 대해서 가장 명료한 답은 예수님과 베드로의 대화 속에서 잘 드러나고 있습니다. 마태오 복음서 16장 13-20절에는 다음과 같은 장면이 나옵니다. 예수님께서 카이사리아 필리피 지방에 이르렀을 때 제자들에게 "사람의 아들을 누구라고들 하느냐?"라는 질문을 하시고 "그러면 너희는 나를 누구라고 하느냐?"라고 다시 물으셨습니다. 시몬 베드로가 "스승님은 살아 계신 하느님의 아드님 그리스도이십니다."라고 대답하자, "시몬 바르요나야, 너는 행복하다! 살과 피가 아니라 하늘에 계신 내 아버지께서 그것을 너에게 알려 주셨기 때문이다."라고 말씀하십니다.

그리고 요한 복음서에서는 예수님을 '말씀'이라고 호칭하는데, 요한 복음서 1장 1절에 보면 "한처음에 말씀이 계셨다. 말씀은 하느님과 함께 계셨는데 말씀은 하느님이셨다."라고 예수님이 곧 하느님이심을 또한 분명하게 말하고 있습니다.

그리스도인, 특히 예수님이 직접 세우시고 베드로 사도로부터 시작하여 그 전통을 면면히 이어가고 있는 가톨릭교회의 신자들은, 하느님의 아들이며 성부와 똑 같은 하느님이신 예수님이 사람이 되시어 세상에 오신 사실이야말로, 우리 그리스도교 신앙의 뿌리라는 것을 확실히 알아야 합니다.

육화(肉化), 하느님이 사람이 되심

우리 가톨릭에서는 예수님께서 하느님의 아들로서 이 세상에 오신 것을 특별히 "肉化(육화)"라고 구별하여 표현합니다. 하루 3번씩 드리는 삼종 기도도 바로 하느님의 아들인 예수님께서 인간이 되어 오신 사실을 기억하는 기도이고, 사도 신경을 바칠 때도 '성령으로 인하여 동정 마리아께 잉태되어 나시고' 하는 부분에서 머리를 깊게 숙이는 것도 사람이 되신 하느님의 아들에 대한 특별한 공경을 표하는 것입니다.

이에 대해서는 미국 LA 교구 주교이신 로버트 배런 주교님의 저서 '가톨리시즘' 책에서 잘 설명하고 있습니다. 이 책의 서문에는 이렇게 적혀 있습니다.

"가톨릭이란 무엇일까요? 이 세상에서 서로 경쟁하는 여타의 철학과 이념과 종교로부터 가톨리시즘을 구분짓는 것은 무엇일까요? 저는 가톨리시즘의 가장 큰 원칙은 바로 육화(Incarnation), 즉 하느님께서 사람이 되셨음이라고 한 복자 존 헨리 뉴먼의 말에 동의합니다.

말씀이신 하느님께서는 그 정신으로부터 나와 존재하게 된 온 우주처럼, 멀리 하늘에 떨어져 계신 것이 아니라 바로 이 세상에 오셨습니다. 그분이 오신 이 세상은 육체로 이루어진 일상의 세상이자 역사의 지저분한 각축장입니다. 그분은 이런 세상에 우리가 지닌 오염되고 손상된 인간 조건 속으로 들어오셨습니다. "말씀이 사람이 되시어 우리 가운데 사셨다."(요한 1, 14). 이것이 바로 가톨릭입니다."

저는 이 말을 더 이상 설명할 능력은 없습니다. 그러나 가톨릭은 예수님의 가르침도 당연히 믿지만, 그에 앞서서 예수님이 하느님의 아들이며 직접 사람이 되시어 세상에 오신 하느님이라는 사실 자체를 믿는 종교임을 확실하게 말할 수 있습니다. 그래서 하느님의 아들이지만 같은 하느님이신 성자 예수 그리스도께서 직접 사람이 되시어 이 세상에 오신 사실이야 말로, 우리가 예수 그리스도의 가르침을 그대로 믿고 따를 수 있는 가장 중요한 근거입니다.

그래서 저는 예수님께서 요한으로부터 세례를 받을 때, 하늘이 열리며 "이는 내가 사랑하는 아들, 내 마음에 드는 아들이다."(루카 3, 22)라고 하신 말씀과, 예수님께서 다볼산에서 거룩한 변모를 하셨을 때 "이는 내가 사랑하는 아들, 내 마음에 드는 아들이니 너희는 그의 말을 들어라."(마태 17, 5)라고 하신 하느님의 말씀에 아무런 의심이나 지체함이 없이 "예 알겠습니다."라고 큰 소리로 응답할 수 있습니다.

예수님은 어떻게 다르신가?

천국에서 예수님이 산책을 나가셨는데, 천국문을 지키던 베드로가 급한 볼일이 생겼으니 잠깐만 이 곳을 지켜 달라고 해서 예수님께서 잠시 천국문을 지키고 있었다.

그때 한 할아버지가 오셔서 다짜고짜 천국에 들어가겠다고 하는 것이었다. 그래서 예수님이 "할아버지, 이곳은 심사를 해서 자격이 된 사람만 들어갈 수 있어요. 내가 즉석에서 판단을 할 만한 위치에 있는 사람이니 어떻게 세상을 살았는지 말씀해 보세요." 라고 말하셨다.

할아버지는 "나는 세상에서 목수였고 착하게 살았소."라고 답했다. 그러자 예수님이 "그것만 가지고는 좀 부족한 것 같은데 다른 건 더 없나요?" 하고 다시 물었다.

할아버지가 "나에게 아들이 하나 있었는데 그 애가 세계적으로 매우 유명해졌소."하는 것이었다. 목수를 했고 세계적으로 유명해진 아들이 있다는 말을 듣고 예수님이 혹시나 해서 "그럼 아버지세요?" 하고 묻자 할아버지가 되물었다.

"그럼 니가 피노키오냐?"

예수님은 인류의 다른 성인(聖人)과 똑같을까요?

저는 어릴 때 위인전에서 세계 4대 성인에 대해서 읽었던 기억이 있습니다. 제 기억으로는 부처님, 공자님, 소크라테스, 예수님이셨던 것 같습니다. 그리고 세계 3대 종교에 대해서도 책을 읽었는데 부처님이 창시하신 불교, 예수님이 창시하신 그리스도교, 그리고 무함마드(마호메트)가 창시하신 이슬람교에 대한 이야기였습니다. 이런 책들은 모두 세상을 살았던 훌륭한 사람들 차원의 이야기이고, 이분들이 만든 종교들도 당연히 사람이 만든 종교들 중의 하나로 설명되어 있었습니다.

그러나 이러한 설명은 예수님의 진면목이 아니라 인간적인면 일부만을 보는 것입니다. 저는 전문가적인 지식이 없는 평범한 그리스도인이지만, 세 가지 면만 보더라도 예수님은 다른 분들과는 분명하게 구별되는 분이라고 생각합니다.

예수님은 사람인 동시에 신성(神性)을 가지신 분

부처님과 공자님은 모두 사람으로서 깨달음을 얻거나 성인의 경지에 오르신 분이며, 무함마드는 사람으로서 천사에게서 계시를 빋은 분입니다.

이에 반하여 예수님은 우리와 똑같은 人性(인성)도 가지셨지만 동시에 神性(신성)을 함께 가지신 분입니다. 베드로는 예수님을 '살아있는 하느님의 아들'(마태 16, 16)이라 고백하고, 예수님 자신도 "나는 하늘에서 내려온 살아 있는 빵이다."(요한 6, 51)", "나는 길이요 진리요 생명이다."(요한 14, 1-7), "아버지와 나는 하나다."(요한 10, 30)라고 하십니다.

이런 말은 사람이라면 누구도 공공연하게 할 수 있는 말이 아니며, 다른 성인들도 이런 식으로 말하지 않았습니다.

그리고 마태오 복음서 17장 1-8절에 보면, 다볼산에서 거룩한 변모를 통하여 당신이 하느님의 아들임을 제자들에게 직접 보여 주셨으며, 요한 복음서 3장 1-2절에 나온 니코데모의 고백처럼, 전지전능한 하느님이 아니면 도저히 일으킬 수 없는 다양한 기적과 표징 – 빵 다섯 개와 물고기 두 마리로 5천명을 먹이시고, 풍랑을 잠재우고 물위를 걸으시며, 수많은 병자와 불구자들을 고쳐 주시고, 죽은 라자로를 살리신 것 등 – 을 일으키시어 당신이 하느님의 아들이며, 사람이 되어 오신 하느님임을 수없이 증명해 보이신 분입니다.

예수님은 모든 것이 예언되어 있던 분

또 예수님은 탄생하기 오래 전부터 모든 것이 예언되어 있던 분입니다. 세상에는 신화적인 인물들이 많이 있지만, 이런 사람들에 대한 이야기는 한결같이 태어난 이후나 사후에 만들어진 이야기입니다.

그러나 예수님은 그렇지 않습니다. 예수님의 탄생과 관련해서는 기원전 6-8세기에 쓰여진 이사야 예언서 7장 14절에, "보아라, 동정녀가 잉태하여 아들을 낳으리니 그 이름을 임마누엘이라고 하리라." 하였는데, 예수님은 이 예언대로 동정녀 마리아에게서 탄생하였습니다. 또 마태오 복음서 2장 19-23절에도 보면 아기 예수가 이집트에서 피난 생활을 마치고 이스라엘로 돌아올 때에 대한 기록이 있는데, "아르켈라오스가 아버지 헤로데를 이어 유다를 다스린다는 말을 듣고 그곳으로 가기를 두려워하였다. 그러다가 꿈에 지시를 받고 갈릴래아 지방으로 떠나, 나자렛이라고 하는 고을로 가서 자리를 잡았다. 이로써 예언자들을 통하여 "그는 나자렛 사람이라고 불릴 것이다." 하신 말씀이 이루어졌다."라고 쓰여 있습니다.

이렇듯이 신약성경에 나오는 예수님의 주요 행적들을 보면 구약성경에 이미 예언되어 있는 것이 그대로 이루어진 것이라는 표현이 많이 나옵니다. 구약성경은 예수님이 태어나기 1,000여 년 전부터 시작하여 오랜 기간 동안 여러 사람들에 의해 씌어진 것인데도, 예수 그리스도와 관련된 내용들은 모두가 그대로 이루어졌습니다. 이는 다른 성인이나 다른 종교의 창시자들과는 분명히 다른 점입니다.

예수님은 부활하신 분

무엇보다 예수님이 다른 분들과 구별되는 것은 돌아가신지 3일 만에 부활하셨다는 사실입니다. 이것도 예수님 스스로가 당신이 당하실 수난과 죽음, 그리고 부활에 대하여 3차례나 공언하였는데 그 공언대로 정말로 부활하신 것입니다.

당시에 온 이스라엘은 예수님의 일거수일투족을 눈에 불을 켜고 바라보던 상황이었는데, 정말로 부활하지 않았다면 예수님이 생전에 했던 말들은 모두 거짓으로 판명 났을 것이고, 예수님은 결국 희대의 사기꾼이 되었을 것입니다.

그러나 복음서에 보면 사도들이 부활하신 예수님과 대화하고 식사도 같이 한 것이 분명한 사실로 기록되어 있습니다. 또 사도행전 2장 32절에 보면 베드로 사도가 "예수님을 하느님께서 다시 살리셨고 우리는 모두 그 증인입니다."라고 말하고 있고, 바오로 사도도 "예수님께서 성경 말씀대로 사흘날에 되살아나시어 케파 (베드로)에게, 이어서 열두 사도에게, 그리고 한 번에 오백 명이 넘는 형제들에게 나타나셨는데, 그 가운데 더러는 이미 세상을 떠났지만 대부분은 아직도 살아 있다."(1코린 15, 3-8)라고 구체적 사실을 들어 증언하면서, "그리스도께서 되살아나지 않으셨다면, 우리의 복음 선포도 헛되고 여러분의 믿음도 헛됩니다. 우리는 또 하느님의 거짓 증인으로 드러날 것입니다."(1코린 15, 14-15)라고 말하고 있습니다.

사도들은 예수님의 죽음을 보며 실망하고 두려워져서 도망을 갔었는데, 부활한 예수님을 보고 예수님이 하느님의 아들임을 확신하게 되었고, 그 후 예수님의 죽음과 부활을 증언하고자 순교까지 하였습니다.

저는 예수님은 우리와 똑같은 사람이면서도 동시에 세상의 어떤 사람과도 다른 진정한 하느님의 아들이며, 하느님과 같으신 분임을 확신합니다.

인간을 구원하러 오신 예수님

스님들이 족히 백 명은 되는 큰 절이 있었는데 어느 날 이 절에 큰 문제가 생겼다. 그런데 이 문제는 여럿이 나서서 해결할 문제는 아니고 누군가 한 사람이 나서서 해결해야 할 문제였다.
그래서 모든 스님들이 모여서 누가 이 문제를 해결하는 게 좋을지 논의를 하였다. 그러나 문제가 워낙 어렵고 궂은일이다 보니 아무도 선뜻 나서지를 못하고 무거운 침묵만 흘렀다.
그때 평소 과묵하고 나서기를 좋아하지 않으시던 스님 한 분이 벌떡 일어나시며 결기에 찬 목소리로 말하였다.
"이번 십자가는 내가 지겠소."

희생의 상징인 십자가

비단 그리스도인 뿐만 아니라 세상의 모든 사람들이 어렵고 힘든 일은 십자가를 진다고 표현합니다. 그리고 이 말은 예수님께서 우리 인간을 구원하기 위해 십자가에 못 박혀 돌아가신 역사적 사실에서 유래한 것임을 우리는 잘 압니다.

하느님의 특별한 사랑을 받아 하느님을 닮은 모습으로 창조된 인류의 원조 아담과 이브는, 교만과 욕심 때문에 선악과를 먹으면 하느님과 같아질 수 있다는 사탄의 유혹에 넘어갔습니다. 그리스도인들은 아담과 이브가 지은 이 잘못을 원죄라고 부르는데, 이 죄는 우리 인간의 힘으로는 벗어날 수 없는 죄였습니다.

우리 죄를 대신 갚으시는 예수님

우리가 자식을 키우다 보면 철없는 자식이 큰 잘못을 저지를 때가 있습니다. 그러면 부모들이 찾아가서 자식을 대신해서 손이 발이 되도록 싹싹 빌고 보상을 해 줍니다. 그럼 그런 부모를 보아서 자식의 잘못을 용서받는 일이 종종 있습니다. 우리의 참 아버지시이신 하느님께서도 우리 인간을 원죄의 사슬로부터 구해 내시려고 외아들 예수님을 이 세상에 보내시어 대신 벌을 받게 하신 것입니다.

요한 복음서 3장 16절에 보면, "하느님께서는 세상을 너무나 사랑하신 나머지 외아들을 내 주시어, 그를 믿는 사람은 누구나 멸망하지 않고 영원한 생명을 얻게 하셨다." 라고 예수님이 세상에 오신 목적을 명백히 밝히고 있습니다.

우리도 짊어져야 할 우리의 십자가가 있습니다.

그런데 예수님께서는 제자들에게 "누구든지 내 뒤를 따라오려면, 자신을 버리고 제 십자가를 지고 나를 따라야 한다."(마태 16, 24)라고 하셨습니다. 저는 예수님께서 십자가에 못박혀 돌아가심으로써 우리 인간을 구원하셨다는 것을 잘 알아야 하지만, 우리 자신도 각자에게 합당한 십자가를 지고 예수님의 뒤를 따라가야 진정한 구원을 얻게 된다는 것을 잘 알아야 한다고 생각합니다.

우리는 세상을 살면서 각자 짊어지고 가야할 십자가가 있다는 것은 누구도 부정하지 않습니다. 그러나 무거운 십자가는 지고 싶어하지 않습니다. 그리고 종종 삶이 힘들 때 우리는 하느님에게 "왜 내 십자가는 이렇게 무겁습니까?"라며 따지고 불평을 할 때가 있습니다.

십자가를 가볍게 지고 가는 비결

그런데 저는 이 십자가를 쉽게 지고 가는 제 나름대로의 노하우를 알게 되었습니다.

첫 번째 노하우는 저에게 맡겨진 십자가를 기쁜 마음으로 지는 것입니다. 유머의 스님처럼 남을 배려하는 기쁜 마음으로 지면 같은 십자가도 훨씬 가벼워졌습니다.

저는 생도 3학년 때 3주간 유격훈련을 받았는데, 이때 저는 이 훈련을 무사히 마치는데 그치지 말고, 그리스도인으로서 극한상황 속에서도 얼마나 남을 배려하고 인간미를 발휘할 수 있는지를 스스로 시험해 보자는 목표를 세웠습니다. 그래서 매일 훈련이 끝나면 모두들 힘들어서 꼼짝하기도 싫어했지만, 청소 같은 일들을 앞장서서 했습니다.

그리고 훈련의 마지막 코스는 60km 야간 행군이었는데, 훈련 목적상 개인별로 메고 가는 25kg짜리 군장 외에 분대별로 20kg짜리 기관총을 주어서 한 시간씩 교대로 메고 가야 했습니다. 제 차례는 밤 12시쯤 돌아왔는데, 저는 견딜 수 있을 때까지 혼자 메고 가보자고 마음을 먹었습니다. 그랬더니 어디서 힘이 생겼는지 밤새 혼자 메고 갈 수 있었습니다. 날이 밝아서야 동기생들이 제가 밤새 혼자 메고 간 것을 알고 얼른 받아 갔습니다.

두 번째 노하우는 예수님께 직접 배운 것입니다. 마태오 복음서 11장 28-30절에 보면, "고생하며 무거운 짐을 진 너희는 모두 나에게 오너라. 내가 너희에게 안식을 주겠다. 나는 마음이 온유하고 겸손하니 내 멍에를 메고 나에게 배워라. 그러면 너희가 안식을 얻을 것이다. 정녕 내 멍에는 편하고 내 짐은 가볍다."라는 말씀이 있는데, 이 말씀을 그대로 믿고 실천하는 삶을 사는 것입니다.

어떤 신부님께서 강론 때 해 주신 말씀이 생각납니다.

천국에서 한 사람이 자신이 지나온 발자국을 돌아보았다. 거기에는 자신의 발자국 옆에 또 한 사람의 발자국이 나란히 찍혀 있었는데 그것은 하느님 발자국이었다. 그런데 중간중간 발자국이 하나만 보이는 것이었다. 자세히 기억을 더듬어 보니 발자국이 하나만 보일때는 예외 없이 자신이 정말 힘들었던 시기였다. 그래서 하느님께 따졌다. "하느님, 제가 정말 힘들었을 때 하느님은 어디 계셨어요?" 그러자 하느님이 대답하셨다. "얘야, 그때는 내가 너를 업고 걸었다."

전능하시고 자비로우신 하느님 아버지께 의탁하면 우리는 결코 혼자가 아니며, 하느님 아버지께서 키레네 사람 시몬처럼 우리의 십자가를 대신 지어 주시든지, 아니면 사람을 업고 강을 건네주는 크리스토폴 성인처럼 아예 우리를 업고 가신다고 저는 확신합니다.

예수님이 알려주신
하느님 나라

주일학교에서 교리 선생님이 천국에 대하여 설명을 한 후 "천국에 가고 싶은 사람?" 하고 묻자 아이들이 모두 "저요, 저요!"하며 손을 번쩍 들었다.
그런데 맨 뒤에 앉아 있던 마태오는 손을 들지 않았다. 그래서 의아해진 선생님이 "마태오는 왜 천국에 가고 싶지 않은거야?" 하고 물었다. 그러자 마태오가 말했다.
"엄마가 주일학교 끝나면 다른데 가지 말고 바로 집으로 오랬어요."

누구나 가고 싶어 하는 하느님 나라, 천국

주일학교 어린이들도 다 가고 싶어 하듯이, 천국은 우리 그리스도인들의 궁극적인 희망이며 최종 목적지입니다. 천국은 하느님이 계시는 하느님 나라이며, 예수님께서도 3년 동안 공생활을 하시면서 하느님 나라를 선포하셨습니다.

그럼 하느님 나라는 도대체 어떤 나라일까요?

우리는 의로운 일을 하다 불의의 사고로 목숨을 잃었거나, 병이나 사고로 천수를 누리지 못하고 이 세상을 떠난 사람들의 영결식장에서 언제나 "이제 아무런 고통이 없는 하늘나라에서 영원한 안식을 누리시라."고 말합니다. 이런 축원은 하느님을 믿는 사람에게는 당연한 것이지만, 하느님을 믿지 않는 사람들까지 누구나가 이런 말을 하는 것을 보면 터무니없는 말은 아닌 것 같습니다.

루카 복음서 23장 42-43절에 보면, 예수님께서 십자가에 못 박혀 돌아가실 때 오른쪽 십자가에 매달린 강도가 "예수님, 선생님의 나라에 들어가실 때 저를 기억해 주십시오."라고 하자, 예수님께서 "내가 진실로 너에게 말한다, 너는 오늘 나와 함께 낙원에 있을 것이다."라고 말씀하시는 장면이 나옵니다. 예수님께서도 하느님 나라를 낙원이라고 분명히 말씀하셨습니다.

하느님 나라에 가려면

그런데 성경에 보면 예수님은 하늘 나라에 대하여 말씀하시며 하늘 나라가 어떤 낙원인지, 얼마나 좋은 곳인지에 대한 설명은 별로 안하시고, 하늘 나라에 가기 위해 우리가 어떻게 해야 하는지에 대하여 주로 말씀하신 것을 알 수 있습니다.

마태오 복음서 13장 1-9절, 마태오 복음서 13장 18-23절에 보면, 예수님께서는 먼저 씨 뿌리는 사람의 비유를 드시면서, 하늘 나라에 관한 말을 듣고도 깨닫지 못하는 길에 뿌려진 씨 같은 사람이 되지 말고, 믿음의 뿌리가 약해서 환난이나 박해에 쉽게 걸려 넘어지는 돌밭에 뿌려진 씨 같은 사람도 되지 말며, 세상 걱정과 재물의 유혹에 넘어가 열매를 맺지 못하는 가시덤불 속에 뿌려진 씨 같은 사람도 되지 말라고 하십니다. 그리고 좋은 땅에 뿌려진 씨앗처럼 예수님의 말씀을 듣고 진실로 깨닫는 사람이 되라고 말씀하십니다.

그렇습니다. 하늘 나라가 얼마나 좋은 곳인지는 굳이 설명할 필요가 없을 것입니다. 물론 하늘 나라는 우리의 노력만으로 갈 수는 없으며 하느님의 은총이 있어야만 됩니다. 그러나 여기에는 우리의 자유의지에서 나온 인간적 노력이 반드시 전제가 되어야 합니다.

세계의 모든 사람들은 누구나 로마를 한번 가보고 싶어 합니다. 로마에는 판테온 신전이나 콜로세움 같이 로마제국 1,000년의 흔적이 그대로 살아있고, 영화 '로마의 휴일'에서 오드리 햅번과 그레고리 펙이 데이트를 즐기던 트레비 분수와 스페인 계단이 있는 역사와 낭만의 도시입니다. 더욱이 로마는 가톨릭교회의 본산인 바티칸이 있는 곳입니다. 그래서 가톨릭 신자들은 더더욱 꼭 한번 가보고 싶어하는 곳입니다.

그런데 로마는 3일이면 한 번 다 둘러볼 수 있는 곳이기도 하지만, 제대로 보려면 3년도 부족한 곳입니다. 그래서 제한된 시간에 로마 여행을 하려면 사전에 로마가 어떤 곳인지 공부를 좀 하는 것이 필요합니다.

그러나 정말 중요한 것은 로마가 어떤 곳인지를 공부하는 것이 아니라 로마 여행을 갈 수 있는 돈을 준비하는 것이 아닐까요? 여행 갈 돈만 마련되면 로마 구경은 여행사에서 다 알아서 안내하고 설명도 해 줍니다. 로마는 내가 공부하지 않았다고 달라지지도 않습니다.

이 세상에서도 맛볼 수 있는 하느님 나라

그러니 우리는 그저 하느님 나라를 갈 수 있는 자격을 얻는 것에 올인해야 합니다. 그런데 아빌라의 성녀 데레사나 오상의 성 비오 신부님 같은 분들은 이 세상에서도 하느님 나라를 맛보며 살았습니다. 하늘 나라는 다른 곳이 아니라 성령이 나와 함께 하시면 그것이 곧 하늘 나라이기 때문입니다. 그리고 미사 때마다 살아있는 예수님의 몸인 성체를 영하면 예수님이 우리 각자 각자에게 직접 오시는 것임을 확실하게 믿는 사람은 이미 하느님 나라에 살고 있는 것입니다.

그래서 저는 이런 믿음이 저에게 함께 하기를 늘 간절히 기도드립니다.

예수님의 첫 가르침, 행복

어떤 성서학자가 성서에 나오는 사람 중에 누가 가장 행복한 사람이었을까를 연구하였다.
연구결과 두 여인이 가장 행복했던 사람으로 뽑혔다. 그들은 바로 인류의 첫 여인인 이브와 예수님의 어머니 성모 마리아였다.
가장 행복한 사람으로 뽑힌 결정적인 이유는 이브는 시어머니가 없었고 성모님은 며느리가 없었다는 것이었다.

산상설교 : 진복 8단

세상의 모든 시어머니와 며느리 사이가 좋아져서 이런 유머가 설 자리가 없어지면 좋겠습니다
예수님의 첫 가르침은 행복이었습니다. 마태오 복음서 5장 3-10절에는 예수님께서 산상에서 참 행복 8가지에 대하여 말씀하신 내용이 나옵니다.

예수님께서 말씀하신 참 행복에 대해서는, 프란치스코 교황님의 권고를 담은 책 "기뻐하고 즐거워하여라"에서 잘 설명하고 있다고 생각합니다. 이 책에 보면 "행복 선언은 그리스도인에게 신분증과 같다. 그래서 누군가 '훌륭한 그리스도인이 되려면 무엇을 해야 합니까?'라고 묻는다면, 예수님께서 산상설교에서 하신 말씀을 각자 저마다의 방식으로 실천하는 것이다."라고 하였습니다.

그래서 저는 교황님께서 권고하시는 이 책을 통해서, 예수님께서 선언한 참행복의 의미와 우리가 어떻게 해야 할지를 묵상하고 싶습니다.

1. 행복하여라, 마음이 가난한 사람들! 하늘 나라가 그들의 것이다.

이 책은 부(富)는 아무것도 보장하지 않으며, 실제로 마음이 부유하다고 생각할 때 우리는 그것에 자족하여 하느님의 말씀과 이웃을 향한 사랑을 담을 자리, 그리고 삶에서 가장 중요한 것을 누릴 자리를 남겨 둘 수 없게 된다고 말합니다.

저는 우리가 하느님과 이웃을 향한 우리의 사랑이 늘 부족함을 깨닫고, 이를 채우기 위한 실천적 노력을 끊임없이 하여야 한다고 생각합니다.

2. 행복하여라, 온유한 사람들! 그들은 땅을 차지할 것이다.

이 책은 우리가 남을 함부로 판단하고, 끊임없이 화를 내고 인내하지 못하는 것은 우리를 지치고 피곤하게 만드는 일이라고 말합니다. 그래서 예수님이 "나는 마음이 온유하고 겸손하니……나에게 배워라. 그러면 너희가 안식을 얻을 것이다."(마태 11, 29)라고 하신 말씀을 믿으라고 강조합니다.

베드로 사도는 우리의 신앙과 확신을 수호해야 할 때도 온유하게 해야만 한다(1베드 3, 16)고 하셨고, 바오로 사도도 형제의 잘못을 바로잡아 줄 때 온유한 마음으로 해야 한다(갈라 6, 1)고 하셨습니다.

저는 온유한 마음으로 이웃을 대하려고 노력하면서, 이 온유함은 하느님의 마음에 드는 것일 뿐 아니라 모든 이웃을 내 편, 나의 응원군으로 만드는 힘이 있는 은총임을 깨닫게 되었습니다.

3. 행복하여라, 슬퍼하는 사람들! 그들은 위로를 받을 것이다.

이 책은 사물을 존재하는 그대로 보고 고통과 슬픔에 공감하는 사람은, 삶의 깊은 곳까지 다다를 수 있고 진정한 행복을 찾을 수 있으며, 예수님께 위로를 받는다고 말합니다. 그리고 고통을 겪는 이들을 도와주고 그들의 슬픔을 이해하며, 그들에게 위안을 줌으로써 자기 삶의 의미를 찾는다고 말합니다.

그런데 저는 봉사적인 삶을 사는 사람들이 자기가 더 행복하고 은총을 많이 받는 것 같다는 말을 하는 것을 많이 들었으며, 저도 남을 위해서 해준 것들이 더 큰 이자가 붙어서 저에게 돌아오는 것을 많이 경험하였습니다.

4. 행복하여라, 의로움에 주리고 목마른 사람들! 그들은 흡족해질 것이다.

이 말씀은 정의에 대한 것입니다. 그런데 이 책은 예수님께서 제시하시는 정의는 세상이 추구하는 정의가 아니라고 말합니다. 참된 정의는 사람들이 각자 내리는 결정에서 의로울 때에 그들 삶 안에서 이루어지고, 가난한 이들과 약한 이들을 위한 공정을 추구하는 가운데 드러나며, 진정한 정의는 하느님 뜻에 충실한 것과 동의어라고 말합니다.

저는 군인으로 평생을 살았기에 나랏일을 하는 사람에게 가장 중요한 덕목은 정도(正道)를 걷는 것이라 생각하였는데, 진실한 신앙생활을 하면 무슨 일을 하든 바른길을 걷게 된다는 것을 확실히 깨달을 수 있었습니다.

5. 행복하여라, 자비로운 사람들! 그들은 자비를 입을 것이다.

이 책은 자비에는 두 가지 측면이 있다고 말합니다. 하나는 다른 이들을 위하여 베풀고 도와주고 봉사하는 것이며, 다른 하나는 그들을 용서하고 이해하는 것입니다. 그리고 베푸는 것과 용서하는 것은 넘쳐흐르게 베풀어 주시고 용서해 주시는 하느님의 완전하심을 우리 삶에서 재현하는 것을 의미한다고 말합니다.

우리가 하느님에게 받은 자비와 용서가 얼마나 큰지를 알면 감사함에 눈물이 그치지 않을 것입니다. 그런데 하느님은 그 감사함을 하느님에게 갚으라고 하지 않으시며 그만큼 이웃에게 나누어 주라고 하십니다. 그러면 하느님께서는 또 우리에게 그것보다 열 배, 백 배로 되돌려 주신다는 것을 저는 믿습니다.

6. 행복하여라, 마음이 깨끗한 사람들! 그들은 하느님을 볼 것이다.

이 말씀은 소박하고 깨끗한 마음에 대한 이야기입니다. 이 책은 우리가 마음으로 하느님과 이웃을 사랑할 때, 이 사랑이 진정한 원의일 때 그 마음은 깨끗한 것이며, 또 사람을 더럽히는 것도 모두 마음에서 나오는 것이니 우리가 정말 깨끗한 마음을 갖도록 노력해야 한다고 말합니다.

사실 우리는 남을 평가하는 것만큼 자신을 돌아보지 못하는 것 같습니다. 옛 성현들도 남을 아는 것은 知(지)요 자신을 아는 것은 明(명)이라고 했습니다. 자기의 마음이 먼저 고요하고 깨끗해져야 자신을 잘 알 수 있기 때문입니다. 저도 늘 고해성사를 볼 때면 남의 눈에 있는 티끌이 아니라 제 눈에 있는 들보를 바로 볼 수 있도록 마음이 깨끗해지기를 기도합니다.

7. 행복하여라, 평화를 이루는 사람들! 그들은 하느님의 자녀라 불릴 것이다.

이 책은 부정적이고 파괴적인 사람들이 살아가는 험담의 세계는 평화를 가져오지 못하며, 그런 사람들이 실제로 평화의 적이라고 규정합니다. 그리고 복음적 평화는 아무도 배척하지 않고, 다소 이상하고 까다로운 사람도 포용하며, 갈등을 기꺼이 받아들이고, 이를 새로운 전진의 연결고리로 만드는 것이어야 한다고 가르칩니다.

우리는 모두 하느님의 자녀이며 한 형제입니다. 그래서 저는 누구든지 만나면 반갑게 웃으며 인사하고, 언제라도 따뜻하고 힘이 되는 말을 하며, 나와 다른 생각을 가진 사람도 존중하고, 옆에 있으면 마음이 편하고 즐거운 사람이 되려고 노력합니다.

8. 행복하여라, 의로움 때문에 박해를 받는 사람들! 하늘 나라가 그들의 것이다.

이 책은 모든 것이 복음 실천에 호의적이라고 기대해서는 안 되며, 권력에 대한 야심과 세속적 이해가 우리의 길을 가로 막을 때가 많으니, 우리가 어떤 힘들고 고통스러운 경험을 하더라도 그 십자가는 성장과 성화의 원천임을 기억하라고 말합니다.

그래서 저는 이 시대를 사는 신앙인으로서, 의로움 때문에 박해를 받는 일은 없을지 모르지만, 저의 신앙생활을 방해하는 제 안의 적과 모든 환경을 적극적으로 극복하고 성실하게 신앙생활을 하여, 하느님을 믿지 않거나 믿음이 약한 다른 사람들에게 제가 좋은 표양이 될 수 있도록 노력합니다.

예수님이 보여주신 하느님의 사랑

가난한 시골 농부가 아이가 큰 병이 났는데 돈이 없어서 애만 태우고 있었다. 그때 언젠가 선교를 나왔던 수녀님께서 "하느님은 우리의 아버지시고 한없이 자비하신 분이니 어려움이 있으면 청하여라. 너희에게 주실 것이다." 라고 하셨던 말씀이 생각났다. 그래서 하느님께 자신의 딱한 사정과 급한대로 50만 원만 좀 보내 달라는 편지를 써서 부쳤다. 우체국에서 편지를 분류하다 보니 '하느님 전 상서'가 나와서, 뭔가 딱한 사정이 있을 것 같다는 생각에 우체국 직원들이 모여서 편지를 뜯어보았더니 눈물 없이는 읽을 수 없는 사연이 들어 있었다. 그래서 직원들이 돈을 모았는데 절반인 25만 원이 모아져서 이것을 보내주었다.

그랬는데 1주일 후에 하느님에게 가는 편지가 또 왔다. 그래서 편지를 다시 보았더니 지난번보다 더 기가 막힌 사연이 들어 있었다. "하느님, 지난번에 보내 주신 돈은 잘 받았습니다. 그런데 다음에는 직접 좀 보내 주세요…우체국을 통해서 보내니까 절반은 떼어먹고 절반만 보냈습니다."

가난하고 병들고 소외된 이들과 함께 하시는 예수님

예수님께서는 3년간의 공생활 동안 우리에게 많은 가르침을 주셨는데, 이 가르침을 요약하면 "아버지 하느님을 사랑하라, 그리고 너희도 서로 사랑하라."입니다. 그리고 "네가 바라는 대로 남에게 해주라."하시며 사랑의 실천 방법도 알려주시고, 착한 사마리아인의 비유(루카 10, 25-37)를 드시면서 누가 사랑을 실천하는 참된 이웃인지도 가르쳐 주셨습니다.

예수님은 이런 사랑을 몸소 실천해 보이셨는데, 예수님의 사랑은 특히 가난하고, 병고에 시달리고, 죄인과 세리, 과부와 창녀처럼 소외된 사람들에게 집중되었습니다. 그러면서 "나는 의인이 아니라 죄인을 부르러 왔다."(마르 2, 17)고 하시고, 또 "목자는 길을 잃지 않은 아흔아홉 마리의 양보다 길을 잃은 한 마리 양을 찾았을 때 더 기뻐한다."(마태 18, 12-14)라고 말씀하십니다. 이것은 길을 잃지 않은 아흔아홉 마리는 소중하지 않다는 것이 아니라, 작은 이들 가운데 하나라도 잃어버리지 않는 것이 하느님 아버지의 뜻이라는 것을 강조하시는 말씀입니다.

부모 마음과 같은 하느님 마음

이런 말씀은 자식을 낳아서 키워본 부모라면 금방 '아멘.'하며 동의하게 됩니다. 제가 어릴 적에 지금은 모두 고인이 되신 김희갑 님과 황정순 님이 주연한 '팔도강산'이라는 영화를 본 기억이 있습니다. 1남 6녀를 둔 서울 사는 노부부가 자식들의 초청을 받아 팔도유람을 하는 영화인데, 그 중에 어촌으로 시집간 딸 하나는 매우 가난하게 살았습니다. 그래서 부모님이 오셨는데 제대로 대접할 것이 없는 딸은 밖으로 나가서 눈물을 흘립니다. 이 모습을 본 부모님은 이튿날 새벽, 편지 한 장과 가지고 있던 돈을 모두 이불 밑에 넣어 놓고 몰래 집을 나오는 장면이 있었습니다.

이게 자식을 가진 부모들의 마음입니다. 잘 살고 있는 자식은 걱정되지 않습니다. 못 살고 부족한 자식이 눈에 밟혀서 밤잠을 설치고 눈물을 흘리는 것입니다. 하느님이 우리 인간을 보시는 모습도 똑같습니다. 그래서 예수님께서는 늘 가난하고 소외된 사람들과 어울리셨고, 의인이 아니라 죄인을 부르러 오셨다고 말씀하신 것입니다.

선한 포도밭 주인의 비유

그런데 저는 예수님께서 하느님 사랑을 말씀하신 것 중에 마태오 복음서 20장 1-16절에 나오는 '선한 포도밭 주인'의 비유는 오랫동안 명쾌하게 이해가 좀 안 되었습니다. 이 비유는 아침 일찍부터 일한 사람, 아홉 시부터 일한 사람, 열두 시와 오후 세 시쯤에 온 사람, 그리고 심지어는 일 끝나기 한 시간 전인 오후 다섯 시에 온 사람 모두에게 아침부터 일한 사람과 똑같이 한 데나리온씩 품삯을 쳐준 것입니다. 그러면서 "내가 당신에게 불의를 저지르는 것이 아니오.", "내가 후하다고 해서 시기하는 것이오?"라고도 말합니다. 포도밭 주인이 후한 것은 탓할 일이 아니지만, 그래도 인간적 셈법으로는 오후 다섯시에 와서 한 시간을 일한 사람이 한 데나리온을 받았으면, 열두 시에 온 사람은 5 데나리온을 더 주고, 아침 7시부터 일했으면 10 데나리온을 더 주어야 합리적인데 말입니다.

이 비유의 참뜻은 하느님께서는 아무리 늦게 회개를 했더라도, 하느님에게 돌아오기만 하면 누구나 똑같이 하늘 나라로 기쁘게 맞아들이신다는 하느님의 무한하신 사랑과 자비를 말씀하신 것입니다.

선한 포도밭 주인의 비유에서 주인이 하루 품삯으로 한 데나리온을 쳐주었다는 것은, 단순한 하루 품삯을 말하는 것이 아니라, 언제라도 회개하고 하느님에게 돌아오기만 하면 하느님께서 우리를 기쁘게 맞아들여 영원한 생명을 누리게 해 주신다는 뜻입니다.

하느님과 함께 영원한 생명을 누린다는 것은 수학적으로 표시하면 ∞(무한대)와 같습니다. 그래서 이것을 인간적 셈법으로 표현하면 한 시간을 일하고 받은 품삯이 ∞이니 열 두시에 온 사람은 $\infty+5$, 아침 7시부터 일한 사람은 $\infty+10$ 데나리온을 받아야 되는 것입니다. 그런데 수학적으로 ∞ 에는 +5나 +10은 아무 의미가 없습니다. +1억, + 1조도 의미가 없기는 마찬가지입니다.

무한하신 하느님의 사랑을 인간의 셈법으로 보아서는 안 됩니다. 하느님 사랑은 유머에서처럼 중간에서 떼어먹힐 염려도 없고 가로막을 수도 없습니다. 그래서 우리는 어떤 큰 죄를 지은 죄인도, 어떤 비천한 사람도, 그리고 아무리 늦게 회개하는 사람이라도 하느님 나라에 대한 희망을 가질 수 있습니다.

예수님의 수난과 죽음

강론이 늘 부담스럽고 잘 하지도 못하는 신부님이 계셨다.
이 사실을 알게 된 주교님께서 신부의 강론을 지도해 주려고 신부님의 미사에 직접 참관을 하러 가셨다. 안그래도 강론이 어려운 신부님은 주교님께서 직접 오시자 가슴이 뛰고 불안해져서 말이 아예 안 나올 것 같았다. 그래서 비상수단으로 술의 힘을 좀 빌리기로 하였다. 그런데 술을 한잔하고 강론을 했더니 거짓말처럼 술술 잘 되는 것이었다. 그 날의 강론 주제는 예수님의 수난과 죽음이었는데 얼마나 강론을 잘 하였는지 신자들은 물론 참석하신 주교님까지 깊은 감동을 받았다.
미사가 끝나고 주교님은 신부님을 만나서 "내가 지금껏 들어본 수난 강론 중에 최고였다."고 칭찬을 하시며, 세 가지만 고치면 되겠다고 말씀하셨다.
첫째는 '경찰청장'이 아니고 '빌라도 총독'이며,
둘째는 '총살형'이 아니고 '십자가형'이며,
셋째는 끝에 '아멘.' 해야 하는데 '건배!'라고 한 것이었다.

우리 마음을 울리는 예수님의 수난과 죽음

그렇습니다. 예수님의 삶과 가르침은 우리에게 새로운 눈을 뜨게 하고, 많은 묵상거리를 주며, 또 우리의 마음에 큰 울림을 주십니다.

그 중에서도 가장 큰 울림을 주는 것은 단연 예수님의 수난과 죽음이라고 저는 생각합니다. '패션 오브 크라이스트'라는 영화를 보면, 우리 인간을 구원하시기 위해 예수님께서 얼마나 큰 고통을 받으시고 처참하게 죽음을 당하셨는지 짐작이 갑니다.

저는 생각할 때마다 눈물을 짓게 하는 전쟁고아 이야기를 하나 알고 있습니다.

6·25 전쟁이 났을 때 스웨덴, 노르웨이, 덴마크 등 6개국이 우리나라에 의료진을 파견하였습니다. 제가 정확히 기억을 하지 못하는데, 위 3국 중 한 나라의 군의관이 겨울에 어느 마을을 지나는데 다리 밑에서 갓난아기의 울음소리가 들렸습니다. 그래서 다리 밑으로 내려가 보니 아기를 꼭 끌어안은 엄마의 품에서 아기가 울고 있는 것이었습니다.

엄마는 자신의 옷을 모두 벗어서 아기를 덮어주고는 알몸으로 아기를 끌어안은 채 이미 죽어 있었고, 아기는 아직 살아서 울었던 것이었습니다. 군의관은 얼른 아기를 꺼내어 차에 옮기고 아기 엄마의 시신은 다리 근처의 양지바른 곳에 정성껏 묻어 주었습니다. 그리고 이 아기는 여자아이였는데 자기 나라로 데리고 가서 양녀로 잘 키웠습니다.

　이 아이가 성인이 되었을 때 이 군의관은 양녀를 데리고 한국에 다시 와서 엄마의 무덤이 있는 곳을 찾아갔습니다. 다행히 다리와 무덤이 옛날 그대로 있었습니다. 무덤 앞에서 양아버지는 이 무덤이 너를 낳아준 생모의 무덤이며, 다리 밑에서 울고 있는 너를 구했을 때 엄마는 모든 옷을 벗어서 너에게 덮어주고 돌아가셨다고 말해 주었습니다. 이 말을 들은 딸은 자신의 옷을 벗어서 엄마의 무덤에 덮어드리며 "엄마, 그때 얼마나 추우셨어요?" 하며 한없이 울었습니다.

　이 어머니 같이 우리를 위해 목숨까지 아낌없이 내어 주신 분이 바로 하느님의 아들 예수 그리스도이십니다.

예수님의 수난과 죽음을 가슴으로 묵상해 봅니다.

　예수님은 제자들과 최후의 만찬을 마치시고 겟세마니로 가십니다. 그곳에서 예수님은 당신이 당하실 고통과 죽음을 앞두고 공포와 번민에 휩싸이시며 피땀을 흘리십니다.

　당신이 죽어야 인간을 구원할 수 있다는 아버지 하느님의 뜻을 잘 알면서도, 예수님은 "아버지 하느님, 하실 수만 있으시면 이 고통의 잔을 저에게서 거두어 주십시오."라고 기도하시고, 따라온 제자에게도 "내 마음이 괴로워 죽을 지경이다. 자지 말고 깨어서 기도하라."고 하십니다. 그러나 예수님은 "제가 원하는 것을 하지 마시고 아버지께서 원하시는 것을 하십시오."라고 하시며, 아버지 하느님의 뜻대로 기꺼이 로마 군사들에게 잡혀 가십니다.

예수님은 유다인들의 온갖 비난과 모욕을 받으며 빌라도 총독에게 끌려가, 온몸이 피투성이가 되고 살이 채찍에 묻어 떨어져 나가도록 매질을 당하십니다. 그리고 날카로운 가시관이 머리에 깊이 박히며 얼굴은 또 다시 피로 물들었습니다.

예수님은 결국 "십자가에 못 박으시오, 못 박으시오!"하는 유다인들의 성난 소리와 함께, 빌라도 총독으로부터 십자가에 못 박으라는 사형선고를 받습니다. 그리고 예수님은 상처투성이에 극도로 지친 몸으로 십자가를 메고 골고타 언덕을 오르십니다. 기력이 다하신 예수님은 골고타 언덕을 오르시며 세 번이나 넘어지십니다. 그럴 때마다 로마 군사들의 잔악한 채찍은 고난의 길을 더욱 재촉했습니다.

그래도 십자가의 길에서 어머니께서 아들과 함께 해주시고, 시몬이 잠시나마 십자가를 대신 메어주었으며, 베로니카는 피땀으로 얼룩진 예수님의 얼굴을 수건으로 닦아주었기에 예수님은 조금이나마 외로움을 덜 수 있었습니다.

처형장에 오르자 로마 군사들은 예수님의 겉옷을 난폭하게 벗겨서 다시 한 번 살이 묻어나는 아픔을 주었고, 급기야 손과 발에 대못을 박습니다. '탕, 탕' 하며 못박는 소리가 골고타 언덕에 울릴 때마다 예수님의 입에서는 고통 어린 신음 소리가 터져 나왔습니다.

유다인들과 로마 군인은 물론 함께 십자가에 달린 강도까지도 예수님을 조롱하였습니다. 예수님께서 타는 목을 축이시려고 물을 찾았을 때 로마군사들은 우슬초에 신 포도주를 적셔서 주었습니다.

예수님께서는 세 시간 동안이나 십자가 위에서 극도의 고통에 시달리시다가, "다 이루어졌다. 아버지, 제 영을 아버지 손에 맡깁니다."라고 말하시며 숨을 거두십니다.

예수님, 죄송합니다. 그리고 감사합니다.

예수님께서는 이렇게 수난을 당하시고 십자가 위에서 죽음으로써 우리를 구원하셨습니다. 그러면 이런 엄청난 은혜를 입은 우리는 이 십자가 밑에서 어떻게 해야 할까요?

엄마의 무덤을 찾은 딸은 자기의 옷을 벗어서 덮어주며 "엄마, 그 때 얼마나 추우셨어요?"라며 엄마를 위로하였는데, 우리도 십자가 위에 못 박히신 예수님을 보면서 "예수님, 그 때 얼마나 아프고 힘드셨어요?" 하며 진심 어린 위로의 말씀을 한번 드려야 하지 않을까요? 그리고 알몸이 되어 죽음으로써 우리를 구원하신 예수님께 우리도 깊이 머리 숙여 진심으로 "예수님 감사합니다. 감사합니다."하며 인사 한번 해야 하지 않을까요?

저는 60년 이상을 그리스도인으로 살아왔는데, 십자가 밑에서 뜨거운 눈물을 흘리며 "예수님, 그때 저희 때문에 얼마나 아프고 힘드셨어요?"하고 진심 어린 위로의 말씀을 한 번도 드리지 못했고, 또 "예수님, 저를 구원해 주셔서 진심으로 감사합니다."라는 말도 제대로 못해본 것 같습니다. 이 글을 쓰는 지금에야 너무나 송구하고 너무나 감사해서 감히 말은 안 나오고 눈물만 자꾸 흐릅니다.

"예수님 죄송합니다, 죄송합니다. 그리고 정말로 감사합니다, 감사합니다."

부활하신
예수님과 성모님

예수님께서는 지상 생활을 하실 때 수없이 많은 기적을 행하셨습니다. 예수님은 성부와 같이 전능하신 하느님이기 때문에 불가능한 일이 없으셨습니다. 그런데 예수님께서 부활하신 후에는 한 가지 힘들어지신 일이 생겼습니다.

예수님께서 십자가에 못 박혀 돌아가실 때 발에 생긴 못자국으로 물이 자꾸 새서 물위를 걸으시는 것이 매우 힘들어지셨습니다.

부활하신 예수님

예수님의 부활은 예수님께서 하느님의 참 아들임을 보여주신 으뜸가는 표징이며 그리스도 신앙의 근간입니다.

그런데 예수님의 부활과 관련해서 반드시 있어야 할 한 요소가 성경에는 빠져 있는 것이 있습니다. 바로 부활하신 예수님과 어머니 성모 마리아의 만남입니다. 예수님은 부활하신 후 마리아 막달레나와 여인들에게 나타나셨고 제자들에게도 여러 번 나타나셨는데, 자신을 낳아서 길러 주셨고 수난과 죽음의 시간에도 오롯이 함께 하셨던 어머니에게 나타나지 않으셨을 리가 없습니다.

'마리아의 비밀'에서 말하는 예수님과 성모님의 만남

저는 재판을 받게 되면서 처음으로 9일 기도를 올리게 되었는데, 성모님과 함께 예수님의 생애를 묵상하는 기도를 드리는 것이 참으로 기쁘고 좋았습니다.

저는 묵상을 좀 더 잘하고 싶어서 요한 바오로 2세 교황님의 교서 '동정 마리아의 묵주기도', 프란치스코 교황님의 '자비의 어머니께 청하세요', 정진석 추기경님이 쓰신 묵주기도 길잡이 '장미꽃다발', 김종수 주교님이 쓰신 '믿는 이들의 어머니 성모 마리아', 로버트 데그란디스 신부님이 쓰신 '성모님과 예수님을 내 마음에 모시는 은총, 묵주기도', 알버트 J.M. 새몬 신부님이 쓰신 '묵주기도의 힘' 등의 책을 읽으며 묵상거리를 찾아서 9일 기도 책에 추가로 적어 놓고 기도를 하였더니 많은 도움이 되었습니다.

그런데 성모님과 부활하신 예수님이 만나신 것을 언급한 것은, 제가 읽은 책들 어디에도 없어서 매우 아쉽고 안타까웠습니다. 그러던 중 신심이 깊은 한 친구가 스페인의 산티아고 마르틴 신부님의 소설 '마리아의 비밀'을 선물로 주었는데, 이 책을 읽으면서 부활하신 예수님이 어머니 마리아를 찾아와서 만나시는 장면이 묘사되어 있는 것을 발견하고 매우 반갑고 기뻤습니다.

이 책에서는 부활하신 예수님이 성모님을 찾아와서 재회의 기쁨을 나누고, 예수님은 예수님의 승리를 선언하시며 수난과 죽음의 순간에 큰 힘과 위로가 되어 주신 어머니께 감사드립니다. 그리고, 예수님께서 성모님에게 간원의 기도를 청하는 이들을 위하여 전구자가 되어 달라는 새로운 사명을 드리고 어머니를 떠나가시는 모습이 묘사되어 있습니다.

부활하신 예수님과 성모님의 상봉을 묵상합니다.

그런데 저는 인성을 그대로 갖고 태어나신 예수님과 어머니 성모님 사이에는 보통 사람들이 가지는 모자간의 인간적인 끈끈한 정도 틀림없이 있으셨기 때문에, 부활하신 예수님이 어머니를 찾아와서 다시 만나셨을 때는 모자간에 감격스럽고 애틋함이 틀림없이 있었을 것이라고 묵상이 됩니다 성모님은 예수님이 돌아가신 후 둘째 날 저녁, 하느님 아버지께 여러가지 감사 기도를 드리십니다. 그리고 예수님께서 생전에 3일만에 부활할 것이라고 말씀하신 것을 굳게 믿으시기에, 어떤 모습으로 예수님께서 나타나실 지는 모르지만, 내일이면 아들 예수를 다시 만날 기대에 조금은 설레는 마음으로 잠이 드십니다.

초저녁 잠을 한숨 잔 것 같았을 때, 부활하신 예수님께서 살아계실 때와 똑같이 환하게 웃는 얼굴로 어머니를 부르며 성모님 방으로 들어오십니다. 성모님은 아들이 부르는 소리에 벌떡 일어나 잠옷 차림에 맨발로 아들에게 달려가 얼싸안으며, 예수님의 얼굴을 보고 또 보고 서로 볼을 비비며 재회의 기쁨에 감격스런 눈물을 흘리십니다.

그리고 성모님은 얼른 아들의 손을 살펴보십니다. 아들이 십자가에 못이 박혀 처참하게 죽어갈 때, 어머니로서 아무것도 해줄 수 없이 그 고통을 지켜 보아야만 했던 가슴 아팠던 순간이 떠오르고, 또 아들 손의 상처는 어떻게 되었는지 걱정되었기 때문입니다. 예수님의 손에는 못자국이 선명하게 남아 있었지만 상처는 말끔하게 아물어 있었습니다. 성모님은 허리를 굽혀 아들의 발에 난 상처도 만져 보시고는, 그때 얼마나 아프고 힘들었냐고 아들을 위로하시며 다시 한 번 뜨거운 눈물을 흘리십니다.

그러자 예수님은 옆구리의 상처도 어머니께 보여주시며, "어머니,

여기의 상처도 다 아물었으니 이제 걱정하지 마세요." 라고 하시며 어머니의 눈물을 닦아 드립니다. 그리고 아버지 하느님의 뜻을 이루기 위해 수난과 죽음의 고통을 짊어져야 했지만, 어머니께서 꿋꿋하게 아들을 지켜보시며 기도해 주시고 힘을 주셔서 잘 견뎌낼 수 있었던 것에 대해 다시 한 번 감사드리며, 성모님을 꼭 안아드립니다.

성모님은 아들 예수가 반드시 부활할 것이라는 믿음이 있었지만, 이렇게 살아서 돌아온 아들을 직접 보시니 아들 예수가 죽음을 이기고 다시 살아 돌아오게 해 주신 아버지 하느님이 너무나 감사하였습니다. 그래서 하늘을 우러러보며 하느님 아버지께 뜨거운 감사의 기도를 올리십니다.

그때 성모님께서는 그 동안 이해가 잘 안 되어 마음에 새기며 살았던 것들 - 가브리엘 천사가 했던 말, 예수님을 성전에 바치러 갔을 때 시메온이 했던 말, 예수님을 성전에서 다시 찾았을 때 12살의 어린 예수님이 했던 말, 친척들과 예수님을 만나러 갔을 때 예수님이 하신 말씀 등 - 모두가 인류의 구원을 위한 하느님과 예수님의 원대한 계획에 따른 것이었음이 선명하게 드러나며, 지금 앞에 있는 예수는 다시 살아서 돌아온 성모님의 아들이기 이전에 삼위일체 하느님이신 성자 예수 그리스도임이 또한 또렷하게 보이십니다. 그러자 성모님은 얼른 예수님 앞에 "나의 주님."하며 무릎을 꿇습니다.

예수님은 어머니를 일으켜 세우셔서 침대로 모시고 가서 모자간에 따뜻한 정담을 나누십니다. 그러면서 십자가 위에서 어머니와 제자 요한에게 했던 말씀을 다시 한 번 설명하시며 이제부터 어머니께서 인류와 교회의 어머니가 되시어 간원의 기도를 드리는 사람들의 전구자가 되어 주시고, 또 예수님을 따르는 사람들을 잘 보살펴 달라고 부탁하십니다. 그리고 날이 밝아오자 마리아 막달레나와 여인들을 만나러 가야 한다며 어머니 집을 떠나십니다.

저는 묵주기도를 할 때 이런 가슴 벅찬 묵상을 하며 성모님과 함께 예수님의 부활을 기뻐하며 축하드립니다.

그런데 한 가지 아쉬운 것이 있습니다. 지금까지 성모님 관련된 성화를 수없이 보았지만, 부활하신 예수님을 만나시는 성모님 성화는 한 번도 본 적이 없습니다. 그래서 저는 세계의 화가들에게 부탁하고 싶습니다.

"성모님께서 잠옷 차림에 맨발로 뛰어나와 부활하신 아들 예수님과 감격스럽게 만나시는 모습을 성화로 꼭 그려주세요."

예수님이 주신 마지막 선물, 평화

엄마 생쥐가 외출을 나갔다가 고양이를 만났다.

그래서 죽을 힘을 다해 도망을 갔지만 결국 막다른 골목에서 고양이와 마주하게 되었다. 이제 꼼짝없이 죽을 판이었는데 번쩍하고 아이디어 하나가 떠올랐다. 그것은 고양이가 개를 무서워한다는 사실이었다.

그래서 최후의 수단으로 젖 먹던 힘까지 다해서 '멍멍!' 하고 개 소리를 냈다. 그랬더니 쫓아오던 고양이가 개 소리에 놀라서 도망을 갔고 구사일생으로 목숨을 구했다.

집으로 돌아온 엄마 생쥐는 새끼들을 모아 놓고 고양이에게 쫓겼다가 살아서 돌아온 일을 이야기하며 당부하였다.

"얘들아, 험한 세상 살아가려면 외국어 하나는 할 줄 알아야 한다."

힘든 세상을 살아가는 힘

정말 요즈음 세상에서는 외국어를 잘하는 게 살아가는데 큰 힘이 되는 것 같습니다. 그런데 우리가 힘들고 험한 이 세상을 정말 잘 살아갈 수 있는 해결책은 과연 무엇일까요? 또 있기는 있을까요?

예수님께서는 하느님 나라를 선포하시면서 가장 먼저 참행복을 얻는 길 여덟 가지를 알려주셨고, 하느님 사랑과 이웃 사랑을 하느님 나라로 갈 수 있는 실천 계명으로 주셨으며, 마지막으로는 "나는 너희에게 평화를 남기고 간다. 내 평화를 너희에게 준다."(요한 14, 27)고 하시며 평화를 선물로 주셨습니다.

그런데 성경에 보면, 천사가 예수님의 탄생을 목동들에게 알릴 때, 하늘의 군대가 나타나서 "지극히 높은 곳에서는 하느님께 영광, 땅에서는 그분 마음에 드는 사람들에게 평화!"(루카 2, 14)라고 하였듯이, 예수님은 세상에 오실 때부터 우리에게 평화를 선물로 주셨으며, 제자들을 파견하실 때도 평화를 빌어주라고 하셨고, 부활하신 후 제자들에게 나타나실 때도 "평화가 너희와 함께 하기를!" 하고 인사하셨습니다. 그러니까 예수님께서 이 세상의 우리들에게 늘 빌어 주신 것은 평화인 것 같습니다.

예수님이 주신 평화

평화(平和)의 사전적 의미는 네이버 국어사전에 나와 있듯이, 하나는 "평온하고 화목함"이고 또 하나는 "전쟁, 분쟁 또는 일체의 갈등이 없이 평온함, 또는 그런 상태"입니다.

그런데 예수님께서는 "내가 주는 평화는 세상이 주는 평화와 같지 않다. 그러니 마음이 산란해지는 일도, 겁을 내는 일도 없도록 하여라."(요한 14, 27)라고 하셨습니다.

그래서 우리는 성령으로 가득 찬 삶을 살았던 프란치스코 성인의 '평화를 구하는 기도'를 통해서 예수님이 주신 평화의 의미를 좀 더 묵상해 볼 수 있을 것 같습니다. 이 기도를 보면 예수님이 주시는 평화는 예수님의 가르침을 실천하는 삶을 살 때, 그 결과로 얻어지는 것이 평화라고 생각하는 것 같으며, 이는 예수님이 산상에서 말씀하신 8가지 '참행복'과도 맥을 같이 하고, 바오로 사도가 코린토 1서 13장에서 말씀하신 '사랑'과도 맥을 같이 하는 것 같습니다.

저는 이렇게 신학적으로 깊은 의미의 평화에 대해서 이야기할 능력은 없습니다. 그래서 저는 제가 하느님 사랑 안에서 누리고 깨달은 평화에 대해 말해보고 싶습니다.

평화에 대한 저의 묵상

저는 예수님께서 주신 평화를 이해하려면 국어사전의 설명과 달리 평화를 '내적 평화'와 '외적 평화'로 구분하는 게 좋다고 생각합니다. 우선 외적 평화는 인간 사회(작게는 가족과 이웃과의 관계로부터 시작하여 크게는 국가와 국제관계에 이르기까지)에서 아무런 갈등이나 충돌(다툼, 전쟁, 분쟁, 테러 등)없이 평온하고 사이좋게 지내는 것을 의미하며, 내적 평화는 인간 개개인이 내면적으로 마음이 산란해지거나 괴롭고 두려워지는 일이 없이 평온하고 편안한 상태를 유지하는 것이라고 생각합니다.

예수님께서는 우리가 전쟁과 다툼, 갈등과 분열이 없는 외적 평화도 이루길 바라시며, 교황님도 언제나 전쟁 없는 평화로운 세상이 되기를 기도하고 또 모든 사제들은 미사 때마다 교회가 평화를 이루도록 해 달라고 기도합니다.

그런데 저는 예수님께서는 우선 우리 개개인이 하느님 사랑 안에서 '내적 평화'를 풍성하게 누리기를 바라신다고 생각합니다. 이것은 "왜 성당에 나가십니까?"라는 질문에 가장 많은 대답이 "마음의 평화를 얻기 위해서요."라는 것과 맥을 같이 하는 것이라고 생각합니다.

이 세상에는 생존경쟁의 원칙이 엄연히 존재하고, 또 인간들은 개개인이 자유의지를 가진 독립적인 존재이기 때문에 갈등과 다툼이 없기는 참으로 어려운 것 같습니다. 그리고 대자연의 위력 앞에서는 한없이 약하며 언젠가는 죽을 수밖에 없는 존재이기도 합니다. 그래서 인간은 늘 많은 갈등과 번뇌, 불안과 두려움을 안고 살아갈 수밖에 없습니다.

예수님께서는 이런 인간의 특성과 한계를 누구보다 잘 아시는 분입니다. 그래서 우리가 이런 인간적 특성과 한계 속에서도 걱정과 불안과 두려움을 떨치고 잘 살 수 있는 솔루션으로 평화를 선물로 주셨다고 생각합니다.

가톨릭 신자들이 미사 마지막에 서로의 평화를 빌어주는 것과 같이, 불교 법회에서는 마지막에 "成佛(성불) 하십시오." 라고 서로 인사합니다. 이는 각자의 마음 속에 있는 부처님과 같은 본성을 이끌어내어, 번뇌(煩惱)의 얽매임에서 풀리고 미혹(迷惑)의 괴로움에서 벗어나 '解脫'(해탈)의 기쁨을 누리라는 것인데, 예수님이 주신 평화는 이러한 불교의 '解脫'(해탈)과도 많이 닮아 있습니다.

그리고 예수님은 우리가 이러한 개개인의 내적평화를 바탕으로 이웃과도 더불어 평화롭게 지내는 단계로 발전하기를 바라신다고 생각하는데, 이것은 공자님이 가르치신 '和而不同'(화이부동),

즉 생각은 서로 다를 수 있지만 화목하게 어울릴 줄 아는 君子(군자)의 道(도)와도 상통합니다.

내적 평화를 누리는 방법

영화 '사운드 오브 뮤직'에서 밤중에 천둥 번개가 치자 무서워진 아이들이 마리아 수녀의 방으로 모여들었듯이, 우리는 어머니 품 안에 있으면 모든 두려움이 가시고 평화로웠던 어린 시절의 경험이 있습니다. 또 버스 안에서 손잡이를 꼭 잡고 있으면 버스가 아무리 흔들리더라도 넘어지지 않을 수 있습니다.

이와 같이 우리가 하느님 손을 꼭 붙들고 하느님 안에 머무를 때 우리는 가장 안전하고 평화로울 수 있습니다. 그리고 예수님 가르침 대로 용서를 통해 내 마음 속에서 모든 미움과 원망을 떨쳐내고, 또 세상의 것에 대한 욕심과 집착에서 벗어나면 우리의 마음이 산란함이 없이 진정으로 평화로워질 수 있다고 저는 생각합니다.

저는 이것이 예수님이 주신 평화의 참 의미라고 생각합니다. 그러니까 예수님께서는 세상의 전쟁과 갈등을 모두 없애 주시고, 우리의 삶에서 괴롭고 힘들고 불안한 일들을 말끔히 해결해 주셔서 평화를 이루어 주시는 것이 아니라, 그런 환경 속에서도 우리가 얼마든지 마음의 평화를 누릴 수 있는 길이 있음을 알려주신 것이라고 저는 믿습니다.

저는 재판을 받을 때 구속까지 되는 경험을 하였는데, 두 평짜리 독방의 사방에 저만 알아볼 수 있게 십자가를 그어 놓고, "하느님께서는 저를 잘 아시며, 또 하느님께서 저와 함께 하시니 저의 영혼은 얼마든지 자유롭고 평화롭습니다."라고 기도를 올렸습니다. 그랬더니 참으로 마음이 편안하고 평화로워지며, 마음이 평화로우니 밥도 잘 먹고, 잠도 잘 자고, 모든 것이 감사하며 밝은 얼굴로 잘 지낼 수 있었습니다.

저는 이런 저의 모습을 보면서 저 스스로가 놀라웠으며, 하느님과 함께하면 얼마나 대단한 일이 생기는지를 확실히 깨닫게 되었습니다.

그래서 제가 세상을 평화롭게 살아가기 위해 찾은 해결책은, 어떤 상황에서도 제가 하느님의 사랑받는 자녀임을 굳게 믿으면서, 남을 탓하거나 미워하지 않고 모든 것을 용서하며, 세상의 것들에 대해서는 욕심과 집착을 과감하게 버리는 삶이 되도록 해 달라고 기도하는 것입니다.

제 3 부

성모님, 저희의 어머니가 되어 주셔서 감사합니다

성모님은 누구신가?

평생 동정이신 성모님

죄에 물듦이 없이 태어나시고 하늘에 오르신 성모님

일곱 가지 고통을 간직하신 성모님

우리를 돌보시고 예수님의 뜻을 전하시는 성모님

참으로 큰 묵주기도의 기쁨과 은총

신앙인의 모범이신 성모님

성모님께 드리는 찬미와 사랑

성모님은 누구신가?

외곽 지역에 있는 자그마한 성당의 주임신부님이 어스름한 무렵에 산책을 나왔는데, 교복차림의 젊은이가 성모상 앞에서 간절하게 기도를 하고 있는 것이었다.

가까이 가보니 불량기가 있어 보이는 낯선 학생이 큰 소리로 "성모 마리아님, 제가 성당 다니는 친구에게서 들었는데 성모님께 간절히 기도하면 소원을 들어준다면서요. 제가 내일 중요한 시험이 있는데, 이 시험을 잘 보게 해주시면 저도 성당에 나올 생각이 있고, 만일 시험을 망치면 성모님을 부술지도 모릅니다."라고 하는 것이었다

신부님은 걱정이 되어서 큰 성모상을 옮겨 놓고 대신 작은 성모상을 그 자리에 놓아 두었다. 그런데 다음날 같은 시간쯤 그 학생이 씩씩거리며 다시 나타나서는 작은 성모상을 보고 말했다.

"야, 니네 엄마 어디 갔어?"

성모 마리아는 누구신가?

불량 학생까지 와서 기도하게 만드는 성모님은 과연 누구실까요?

성모(聖母)님은 글자 그대로 '거룩한 어머니', 즉 인류의 구원자 예수 그리스도를 낳아서 기르신 나자렛의 마리아를 이르는 말입니다. 가톨릭교회에서는 성모님이 예수님 구원사업의 협력자시며, 예수님으로부터 교회의 어머니요 우리의 기도를 하느님께 전해주시는 전구자(轉求者)라는 특별한 사명을 받으신 분으로 생각합니다.

그래서 하느님께 올리는 흠숭지례(欽崇之禮)는 아니지만, 성인들에게 드리는 공경지례(恭敬之禮)보다 차원이 높은 상경지례(上敬之禮)의 예로 성모님을 모십니다. 그래서 성당마다 성모상이 있고, 세계 곳곳에 성모님께 봉헌된 성당들이 있으며, 전례력에는 성모님 관련 축일이 많이 있습니다.

가톨릭은 마리아를 믿는 교회인가?

그러다 보니 가톨릭은 마리아를 믿는 '마리아 교회'라는 오해를 받기도 합니다. 가톨릭 신자가 아닌 사람들이 보면, 성당마다 성모상이 있고, 신자들이 성모상 앞에서 기도하는 모습을 늘 보니 이런 오해를 하는 것 같기도 합니다.

그러나 가톨릭은 성모님을 믿는 교회가 결코 아닙니다. 성모 마리아는 사람이지 신이 아니기 때문입니다. 그래서 우리는 기도할 때도 하느님께는 "우리 죄인을 구원하소서." 라고 직접 구원을 청하지만, 성모님께는 "우리를 위하여 빌어주소서."라고 기도하며, 성모님께서 우리의 기도를 하느님께 잘 전달해 주시기를 부탁합니다.

가톨릭이 성모 마리아를 믿는 교회는 아니지만 성모님을 특별히 공경하는 이유는 교리 지식이 매우 얕은 저라도 성경에 나와 있는 몇 가지 사실만 보면 충분히 알 수 있습니다.

1. 가브리엘 천사가 성모님께 예수님의 잉태를 알린 사실

루카 복음서 1장 26-38절에 보면, 가브리엘 천사가 마리아를 찾아와 "은총이 가득한 이여, 기뻐하여라. 주님께서 너와 함께 계시다. 너는 하느님의 총애를 받았다. 성령께서 너에게 내려오시고 지극히 높으신 분의 힘이 너를 덮을 것이다. 그러므로 태어날 아기는 거룩하신 분 하느님의 아들이라고 불릴 것이다."라고 말합니다.

이렇게 성모님은 하느님의 은총을 가득히 받고 거룩하신 하느님의 아들 예수님을 낳아서 기르신 분입니다. 성경 어디를 보아도 하느님으로부터 이렇게 완전하고 큰 은총을 받은 사람은 없습니다.

모든 그리스도인(개신교 포함)들은 예수님과 조금만 관련이 있어도 聖地(성지)로 지정하여 특별히 관리하며 순례를 합니다. 그렇다면 예수님이 아홉 달 동안 머무르며 살과 피를 받았고, 30년을 머무르며 양육과 돌봄을 받았던 어머니 마리아는 聖地 중에 聖地가 아닐까요?

2. 성모님이 엘리사벳을 방문하였을 때 엘리사벳이 한 말

루카 복음서 1장 39-45절에 보면, 성모님께서 엘리사벳을 방문하였을 때, 엘리사벳은 성령으로 가득 차서 성모님을 보자 "당신은 여인들 가운데에서 가장 복되십니다. 주님의 어머니께서 저에게 오시다니 어찌 된 일입니까?"라고 말합니다.

엘리사벳이 모시는 주님은 하늘에 계신 전능하신 창조주 하느님이십니다. 그런데 성모 마리아를 '주님의 어머니'라고 말합니다. 엘리사벳은 분명 성령으로 가득 찬 가운데 성모님의 태중에 계신 분은 하늘에 계신 하느님과 똑같은 삼위일체 하느님이시며, 마리아는 이분의 어머니임을 분명하게 증언한 것입니다.

이 점에 대해서 가톨릭에서는 431년 에페소에서 열렸던 공의회에서, 예수님은 人性(인성)과 神性(신성)을 모두 가지신 분이신데, 성모 마리아는 예수님의 神性을 낳으신 것은 아니지만, 실제로 神이신 예수님을 낳으셨기 때문에 하느님의 어머니라고 불리는 것이 마땅하다고 공식적으로 선포하였습니다.

3. 카나의 혼인잔치

요한 복음서 2장 1-11절에는 어머니 마리아가 잔칫집에서 포도주가 떨어진 딱한 사정을 보시고, 예수님께 "포도주가 없구나." 하시자, 예수님은 "여인이시여, 저에게 무엇을 바라십니까? 아직 저의 때가 오지 않았습니다."라며 얼핏 냉정해 보이는 표현을 쓰시는 모습이 나옵니다.

저는 어느 목사님이 개신교 방송에서 이 구절을 성모님의 특별한 지위를 인정하지 않는 근거로 제시하는 것을 보았습니다. 그런데 저는 역설적이게도 이 말씀이야 말로 성모님의 특별한 지위를 확실하게 보여주는 증거라고 생각합니다. 예수님께서는 "여인이시여, 아직 저의 때가 오지 않았습니다."라고 하시면서도 어머니의 청은 기꺼이 들어주셨기 때문입니다.

그리고 저는 묵주기도를 하면서 "예수님은 왜 첫 기적으로 어머니 마리아의 청을 들어서 물을 포도주로 바꾸시는 기적을 택하셨을까?"를 묵상하게 되었는데, 예수님께서 첫 기적의 영광을 어머니 마리아를 우리의 전구자로 세우시고, 성모님이 청하시는 것은 예수님께서 절대 거절하지 않으신다는 성모님의 위상을 명확하게 보여주고자 하신 것이라는 생각이 강하게 들었습니다.

그리고 예수님이 어머니를 '여인'이라고 부르신 것은, 어머니를 사사로운 모자 관계가 아니라, 어머니에게 공적인 지위를 부여하시기 위해서 예수님께서 의도적으로 쓰신 표현이라고 생각되었습니다.

4. 예수님께서 십자가상에서 성모님과 제자에게 하신 말씀

요한 복음서 19장 25-27절에 보면, 십자가에 달리신 예수님께서 성모님에게 먼저 "여인이시여, 이 사람이 어머니의 아들입니다."라고 하시고, 이어서 그 제자에게 "이 분이 네 어머니시다."라고 말씀하십니다.

성경을 통틀어서 예수님이 하신 말씀은 사사로운 것이 없으며, 한 말씀 한 말씀이 모두 큰 상징과 의미를 가지고 있습니다. 더욱이 인류 구원이라는 자신의 사명이 극적으로 마무리되는 십자가상에서, 예수님께서 어머니를 사사롭게 부탁하는 말씀이나 하셨을 리가 없습니다. 예수님이 어머니를 '여인'이라고 호칭하신 것은, 혼인잔치에서와 같이, 성모님을 사사로운 모자관계를 넘어 교회의 어머니라는 특별한 지위를 부여하기 위한 것이 분명합니다.

5. 예수님 부활 후 성령강림 때까지 사도들과 함께하시는 성모님의 모습

사도행전 1장 3-14절에 보면, 부활하신 예수님은 제자들에게

"내 아버지께서 약속하신 분을 내가 너희에게 보내 주겠다. 그러니 너희는 예루살렘을 떠나지 말고 약속한 분을 기다려라."고 하십니다. 그래서 제자들은 예루살렘에 머무르면서 함께 기도하며 예수님이 보내 주실 분(성령)을 기다립니다.

이 때 성모님께서는 제자들과 함께 하시면서 예수님이 떠나신 빈자리를 채워 주시고 사도들이 교회를 이끌어 가는 것을 도와주십니다.

성모님은 우리의 특별한 공경을 받을 분이 분명합니다.

성경에 이렇게 성모님의 특별한 지위와 역할에 대해 분명하게 언급이 되었으면, 성모님은 우리의 특별한 공경을 받을 이유가 충분한 분이 아닐까요? 조선시대에는 왕을 낳은 어머니는 대비라고 하여 왕비보다 지위가 높았으며, 왕에게 젖을 먹인 유모만 되어도 '봉보부인'이라는 종1품(부총리급)벼슬을 받았는데 말입니다.

저는 성모님은 하느님의 사랑받는 딸, 성자의 존귀한 어머니, 성령의 선택된 짝이시며, 우리의 간청을 하느님께 전해주실 가장 힘 있고 자비하신 분임을 굳게 믿습니다.

공경하올 성모 마리아님, 저희의 어머니가 되어 주셔서 정말 정말 감사합니다.

평생 동정이신 성모님

어느 신부님이 성모님께서는 동정녀의 몸으로 예수님을 잉태하신 것이라는 교리를 가르치는데, 한 신자가 손을 번쩍 들고 일어나서 "신부님, 저는 그 말을 믿을 수가 없습니다. 어떻게 남자 없이 여자가 애를 낳습니까? 상식적으로 납득할 수 없습니다."라고 하는 것이었다. 그러자 신부님은 "마리아는 성령의 힘으로 잉태한 것이고 전능하신 하느님께는 불가능한 일이 없다."는 교리를 열심히 설명하셨다. 그래도 이 신자가 자기 주장을 굽히지 않자 신부님이 다소 짜증난 목소리로 말하였다.
"야, 요셉이 괜찮다는데 니가 왜 난리야!"

**성모님께서 예수님을 잉태하신 것은
전능하신 하느님께서 하신 일입니다.**

사실 여자가 남자 없이 아이를 낳는다는 것은 유머에서와 같이 인간적 상식으로는 있을 수 없는 일이며, 이는 성모님께서도 가브리엘 천사에게 "제가 남자를 알지 못하는데 어떻게 그런 일이 있을 수 있겠습니까?"(루카 1, 34)라고 질문을 하신 바가 있는 일입니다.

그러나 가브리엘 천사가 "성령께서 너에게 내려오시고 지극히 높으신 분의 힘이 너를 덮을 것이다. 하느님께는 불가능한 일이 없다." 하였듯이, 전능하신 하느님께서 하시는 일이라면 동정녀의 몸으로 아기를 잉태하는 것은 정말 별일이 아닙니다. 예를 들어, 친구가 갑자기 멋진 차를 몰고 와서는 "이거 내가 만들었다."라고 한다면 믿을 수 없지만, 현대자동차가 이 차를 만들었다고 하면 의심할 사람이 누가 있겠습니까?

결혼한 부부가 동정을 지키는 것은 불가능한 일일까요?

성모님이 평생 동정을 지키며 살았다는 것을 의심의 눈으로 보는 것은, 인간적 상식으로는 얼마든지 있을 수 있다고 생각합니다. 예를 들어서 99%의 사람이 같은 생각이라면 이것은 당연히 상식과 부합되는 일일 것이며, 99.99%의 생각이라면 더더욱 상식과 부합하는 일일 것입니다. 결혼한 부부가 동정을 지키며 산다는 것은 99.99%의 사람이 상식적이지 않다고 할 수 있는 일임에 틀림없습니다.

그러나 여기에서 놓쳐서는 안 되는 또 하나의 중요한 상식이 있습니다. 99%라는 것은 대단히 높은 확률이지만 1%의 예외가 있는 것이 분명하며, 99.99%라고 해도 0.01%의 예외가 분명히 있다는 것입니다. 즉, 모든 상식에는 예외가 있다는 것 또한 매우 중요한 상식이라는 것을 우리는 잊어서는 안 됩니다.

그런데 결혼을 한 부부인데 서로 동정을 지키며 산 역사적 사례가 제가 아는 것만 해도 세 가지가 있습니다.

첫째 : 성녀 체칠리아

이탈리아의 산타 체칠리아 음악원은 세계에서 가장 역사가 깊은 명문 음악학교 중 하나인데, 이 이름은 3세기 초에 순교하였고 음악의 수호성인이 된 성녀 체칠리아의 이름을 따서 만든 것입니다.

성녀 체칠리아는 명문 귀족 가문의 딸로 태어났는데, 어릴 적부터 신앙심이 깊었고 평생을 동정으로 살기로 결심하였습니다. 그런데 아버지는 딸의 반대에도 불구하고 발레리아누스라는 청년과 강제로 결혼을 시켰는데, 결혼식이 끝나고 성녀 체칠리아는 남편에게 자신이 하느님에게 동정서원을 한 사실을 이야기하고, 자신의 동정을 지켜 달라고 간청하였습니다. 아내의 깊은 신앙심과 그녀를 수호천사가 지켜주는 것을 알게 된 남편도, 세례를 받고 평생 서로 동정을 지키며 살다가 모두 순교하였습니다.

둘째 : 성녀 쿠네군다와 성 헨리쿠스

성녀 쿠네군다는 샤를마뉴 황제의 7세손으로 1002년에 신성로마제국의 황제 헨리쿠스와 결혼하였습니다. 이때 신앙심이 깊었던 쿠네군다는 남편에게 하느님 앞에 정결한 마음으로 평생을 기도하고 봉사하는 삶을 살고 싶다고 말을 하였고, 남편 역시 깊은 신앙심을 가지고 있던 터라 이를 기쁘게 받아들이고 평생 서로 동정을 지키며 살았습니다.

훗날 이들 부부는 함께 성인품에 올랐으며, 독일 밤베르크 대성당에는 이들 부부의 무덤이 있습니다.

셋째 : 초남이 동정부부

200여 년 전 천주교 박해시대에, 전라도 대부호집 장남인 유중철 요한과 서울 출신 양반 가문의 둘째 딸 이순이 루갈다는 혼인하여 전라도 초남이 마을에서 5년을 살다가 순교하였습니다. 두 사람은 하느님과 순결의 약속을 맺었고, 순교할 때까지 서로 동정을 지키며 살았습니다.

특히 두 사람은 정결한 삶을 살다가 순교하였기에 고행과 고통의 삶을 살았다고 생각하기 쉬운데, 이들은 하느님에 대한 사랑으로 이웃들과 함께 늘 기쁨에 찬 삶을 살며, 그 기쁨을 하느님께 온전히 바치고 싶어 소중하게 생각하는 동정을 지키고 목숨까지도 기쁘게 내어 드렸습니다.

평생 동정이신 성모 마리아

우리는 성모님이 성령의 힘으로 하느님의 아들을 잉태한 것은 물론, 성모님의 남편 요셉도 몇 번이나 꿈에 천사로부터 예수와 마리아를 잘 돌보라는 하느님의 메시지를 직접 받은 분임을 잘 알고 있습니다. 또 성모님께서는 멕시코의 과달루페에서 후안 디에고에게 발현하셨을 때, "나는 하느님의 영원한 동정 성모 마리아다."라고 직접 말씀도 하셨습니다.

우리 인간에게는 동물적인 본능도 분명히 있지만, 본능보다는 가치를 더 소중히 여기며, 또 이것을 매우 자랑스럽게 여기는 존재입니다. 지금도 가톨릭교회 안에는 40여 만명의 사제와 110여 만명의 수도자들이 하느님에 대한 사랑 때문에 기꺼이 결혼을 포기하고 평생 동정으로 살고 있습니다.

그런데 하느님의 특별한 선택을 받은 성모 마리아와 요셉이 평생 동정을 지키며 살았다는 것이 도저히 믿을 수 없는 불가능한 일일까요?

죄에 물듦이 없이 태어나시고
하늘에 오르신 성모님

요한 복음서 8장 1-11절에는 율법학자들과 바리사이들이 간음하다 붙잡힌 여자를 끌고 와서, 예수님을 시험하는 장면이 나옵니다. 이때 예수님께서는 그들에게 "너희 가운데 죄 없는 자가 먼저 저 여자에게 돌을 던져라."라고 하십니다.
그러자 나이 많은 사람부터 그 자리를 떠나 갔는데, 한 중년 부인이 다소 머뭇거리며 정말 돌을 들고 나왔습니다.
그러자 예수님이 그 부인을 보고 말했습니다.
"그렇다고 어머니가 돌을 들고 나오시면 어떡해요?"

성모님에 대한 또 다른 두 가지 의문

가톨릭 신자들은 이 이야기를 들으면 그 부인이 바로 성모님이라는 것을 눈치채고 이 이야기가 유머인 것도 압니다. 이 세상에 태어난 사람 중에 원죄에 물들지 않고 태어난 사람은 오직 성모님 한 분뿐임을 잘 알기 때문입니다.

성모님께서 죄에 물듦이 없이 태어나신 '성모무염시태' 교리와, 성모님이 돌아가셨을 때 육신과 함께 바로 하늘로 들어 올려진 '성모승천' 교리도 성모님의 특별한 지위를 인정하지 않는 사람들이 의문을 제기하는 교리입니다.

가톨릭에서도 성모님과 관련된 이 두 가지 믿음은 초대교회 때부터 내려오는 전승이지만, 믿을 교리로 공식 선언한 것은 최근의 일입니다. '원죄 없는 잉태' 교리는 1854년에 비오 9세 교황께서 선포하셨고, '마리아의 승천' 교리는 1950년에 비오 12세 교황에 의해 선포되었습니다. 이에 대한 신학적 설명은 로버트 배런 주교님이 쓰신 '가톨리시즘' 4장 '마리아, 하느님의 어머니'에 잘 설명이 되어 있다고 생각합니다.

원죄 없이 잉태되신 성모님

배런 주교님의 저서 '가톨리시즘'에 보면, 마리아의 원죄 없는 잉태에 대해서는 보나벤투라 성인이나 토마스 아퀴나스 성인 같은 분들도 교리로 뒷받침할 만한 근거를 찾지는 못했는데, 14세기에 활동한 복자 둔스 스코투스가 "그분은 그렇게 하실 수 있었다. 그렇게 하시는 것이 적합했다. 그래서 그렇게 하셨다."라고 주장하였습니다. 그분은 바로 하느님이십니다. 이렇게 해서 비오 9세 교황에 의해 마리아의 원죄 없는 잉태에 대한 교회의 가르침이 공식적으로 반포가 되었다고 설명하고 있습니다.

그런데 저는 앞에서 살펴본 바 있는 성모님의 특별한 지위에 대한 성경상의 근거와, 다음과 같은 저의 경험을 생각하면 복자 둔스 스코투스가 다다른 결론을 쉽고도 충분하게 이해할 수 있다고 생각합니다.

저는 대령 때 김대중 대통령 비서실에서 국방담당 행정관으로 3년간 근무한 경험이 있습니다. 대통령께서는 종종 군의 대비 태세도 살피시고 장병들을 격려하기 위해서 군부대를 방문하게 됩니다. 그러면 저는 의전 요원 및 경호실 요원들과 함께 사전에 두어 번 정도 부대를 방문해서, 대통령의 안전에 위해 요소는 없는지 구석 구석을 철저히 점검하고, 핵심 구역은 방문 2-3일 전부터 아예 통제를 합니다. 이러한 조치들은 국가의 안위와 국가원수 보호를 위해 필수적이고 당연한 조치입니다.

그런데 예수님이 누구십니까? 이 세상을 구원하기 위해 직접 사람이 되어 오신 하느님의 아들 아니십니까? 이런 하느님의 아들이며 만왕의 왕이 되실 구세주 예수 그리스도를 잉태할 어머니라면, 하느님께서 당연히 어떠한 죄에도 물듦이 없는 순결하고 깨끗한 사람이 되도록 사전에 준비하시지 않겠습니까?

수학에 보면 '공리(公理)'라는 개념이 있습니다. 예를 들어 1+2=3 같은 것입니다. 이렇게 너무나 당연해서 특별한 증명 없이 '참'이라고 받아들이는 최상위의 대전제를 수학에서는 '공리'라고 합니다. 복자 둔스 스코투스는 '성모무염시태'는 수학의 공리와 같은 것이라는 결론에 도달한 것이라고 저는 생각합니다.

그런데 비오 9세 교황이 '마리아의 원죄 없는 잉태'를 교회의 믿을 교리로 선포한지 4년이 되었을 때, 정말로 신비하고 놀라운 방식으로 이 가르침이 '참'이라고 인정을 받는 기적이 일어났습니다.

1858년 2월 11일부터 7월 16일까지 프랑스의 루르드에서 베르나데트라는 소녀에게 성모님께서 18번 발현하셨는데, 주님 탄생 예고 대축일인 3월 25일 발현 시 베르나데트가 "당신은 누구십니까?"라고 묻자, 성모님께서 "나는 원죄 없는 잉태다."라고 당신의 신분을 분명하게 알려주신 것입니다. 교회는 이 놀라운 성모님의 말씀을 교황이 선포한 교의를 하느님이 인정하신 것으로 받아들였습니다.

성모님의 승천

저는 성모님의 승천에 대한 믿음 또한 두 가지 사례만 보아도 수학의 공리와 같이 쉽고 당연하게 이해가 된다고 생각합니다.

첫째는 해외에서 독립운동을 했던 애국지사와 영웅들의 유해를 고국으로 모셔오거나, 또는 나라를 위해 해외에서 전투 임무를 수행하다 목숨을 바친 군인들의 유해를 송환하는 사례입니다.

이런 일이 있을 때 정부에서는 고위 공직자가 직접 현지로 가서 모셔오거나 때로는 아예 특별기를 보내서 모셔오고, 공항에는 대통령까지 직접 나가서 영접을 하기도 합니다. 나라를 위해서 헌신하고 희생하신 분들을 최고의 예우로 모셔오는 것은 나라가 해야 할 당연한 의무이기 때문입니다.

그런데 성모님은 인류구원사업의 가장 위대한 협력자이십니다. 이런 성모님을 특별한 예우로 모셔가는 게 이상한 일일까요?

둘째는 루르드 성모발현의 주인공 베르나데트 수녀의 시신이 썩지 않은 기적입니다.

소녀 베르나데트는 1858년에 루르드에서 성모님을 직접 뵌 이후, 수녀가 되어 가난하고 병든 사람들을 헌신적으로 돌보아 느베르 지역에서 가장 존경받는 수녀가 되었습니다. 그래서 이 수녀가 선종하였을 때, 순례자들을 위하여 성 조셉 성당 납골당에 수녀의 시신을 임시로 안치를 하였고, 30년이 지난 1909년에 정식으로 매장을 하려고 하였습니다. 그런데 시신을 확인하려고 관뚜껑을 열었는데, 놀랍게도 수녀의 시신은 조금도 부패되지 않았고 30년 전과 똑같이 잠을 자는 것 같았으며, 피부도 살아있는 사람의 피부처럼 부드럽고 탄력까지 있었다고 합니다.

수녀의 시신은 과학적인 방법으로 검증을 하였는데, 이는 성모님을 직접 만난 은총의 힘이 함께 하기 때문으로 밖에는 설명되지 않았다고 합니다. 베르나데트 수녀의 시신은 죽은지 140년이 지난 지금도 잠자는 모습 그대로 성 길다드 수녀원의 유리관 속에 안치되어 있습니다.

베르나데트 성녀는 성모님을 뵈었던 영광만으로도 시신이 썩지 않는 은총을 받았는데, 예수님이 사랑하는 어머니의 육신이 지상에서 썩도록 그대로 두셨을까요?

저는 '성모무염시태' 교리와, '성모승천' 교리를 조금의 의심도 없이 믿을 수 있으며, 오히려 그리스도 교회에 이런 당연한 교리가 없다면 그것이 더 이상할 것이라고 생각합니다.

일곱가지 고통을 간직하신 성모님

성평등 문제를 다루는 한 토론회에서 토론자 간에 남성과 여성 중에 누가 더 강한 존재인지를 가지고 격론이 벌어졌다.
방청석 사람들까지 가세해서 열띤 토론을 벌였지만 워낙 팽팽한 주제여서 결론이 나질 않았다. 그때 방청석에 있던 한 신부님이 일어나셔서 매우 명쾌한 논리로 여자가 더 강한 존재라고 결론을 내 주셨다.
"성경에 보면 천지창조 때 하느님께서 아담은 흙으로 지으셨고 이브는 아담의 갈비뼈로 지으셨다고 분명하게 나와 있습니다. 그러니까 남자는 토기고 여자는 본차이나입니다."
그 후 누구도 이 말에 시비 걸지 못했다.

어머니는 강합니다.

유머이긴 하지만 그리스도인이라면 이 신부님의 논리에 이의는 달 수 없을 것 같습니다.

그런데 그 누구도 이의를 달 수 없는 말은 "여자는 약할지 몰라도 어머니는 강하다." 입니다. 세상의 어머니들은 자식을 위해서라면 어떤 고난도 이겨내고, 어떤 희생도 마다하지 않으며, 때로는 자식을 위한 강인함과 비장함이 전쟁터에 나가는 남자들을 능가합니다.

성모님은 가브리엘 천사가 "은총이 가득한 이"라고 하였고, 엘리사벳은 "여인 중에 복되신 분"이라고 하셨지만, 베드로 대성당에 있는 미켈란젤로의 피에타상에 잘 나타나 있듯이, 그 누구보다도 어머니로서 큰 고통을 받으신 분이기도 합니다.

성당에 가면 예수 성심상과 성모 성심상을 흔히 보게 되는데, 자세히 보면 예수님 심장에는 가시관이 감겨 있고 성모님의 심장에는 일곱 개의 비수가 꽂혀 있는 것을 볼 수 있습니다. 이것은 가톨릭교회가 성모님께서 받으셨던 7가지 고통을 특별히 묵상하고 있음을 의미합니다

성모님의 7가지 고통

1. 성모님은 아기 예수님을 성전에 봉헌하러 가셨을 때, 시메온으로부터 "당신의 영혼이 칼에 꿰찔리는 가운데, 많은 사람의 마음속 생각이 드러날 것입니다."(루카 2, 35)라는 말을 들으셨고, 이 말을 평생 마음에 새기며 사셨습니다.
2. 헤로데 왕이 아기 예수님을 없애려고 하자, 성모님은 예수님을 데리고 이집트로 피난을 가야 했고, 거기서 헤로데가 죽을 때까지 피난살이를 하셨습니다.
3. 예수님을 잃어버려서 사흘 동안이나 애타게 찾아 다니시다가, 예루살렘 성전에서 예수님을 다시 찾으셨습니다.
4. 예수님께서 피투성이가 된 채 십자가를 지고 골고타 언덕을 오르실 때, 성모님도 그 길을 함께 따라 가셨습니다.
5. 예수님께서 십자가에 못이 박혀 돌아가셨을 때, 그 고통과 슬픔을 온전히 함께 받으셨습니다.
6. 제자들이 예수님의 주검을 십자가에서 내렸을 때, 아들을 품에 안으시고 마음 아파하셨습니다.
7. 아들 예수의 시신을 아픔 속에 무덤에 묻으셨습니다.

가톨릭교회가 성모님을 특별히 공경하는 것은 예수님을 낳아서 기른 어머니이기 때문만은 아닙니다. 예수님께서 우리를 구원하기 위해서 십자가의 수난과 죽음을 당하시는 모든 순간에, 성모님도 예수님의 고통과 온전히 함께 하시며 구원사업의 협력자가 되셨기 때문입니다.

예수님의 십자가 고통을 함께 하신 성모님

우리는 흔히 "부모가 죽으면 산에다 묻고 자식이 죽으면 가슴에 묻는다."는 말을 합니다. 그런데 성모님은 자신의 눈 앞에서 아들이 온 몸이 피투성이가 된 채로 십자가를 지고 골고타 언덕을 오르고, 그 십자가에 못이 박혀서 죽는 것을 고스란히 지켜보아야 했던 어머니였습니다. 보통의 어머니라면 자식의 몸에 못을 박는 모습을 보면 혼절하지 않을 수 없을 것입니다.

그러나 성모님은 십자가에 못 박히시고, 세 시간 동안이나 극도의 고통을 받으며 죽어가는 아들 예수를 잠시도 떠나지 않으셨습니다. 이때 성모님은 심장과 온 몸이 갈기갈기 찢어지는 아픔을 겪으셨으며, 이는 인류 역사상 어떤 어머니도 당해보지 못한 고통이었을 것입니다.

우리는 이토 히로부미를 하얼빈 역에서 저격하고, 당당하게 죽음을 맞은 안중근(토마스) 장군을 위대한 영웅으로 칭송합니다. 그리고 아들 안중근에게 구차하게 목숨을 구걸하지 말고 당당하게 죽으라며 손수 수의를 지어 보낸 안중근 장군의 어머니 조마리아 여사도 또한 높이 칭송합니다.

성모님께서도, 아들 예수가 십자가에 못 박혀 죽는 것이 인류를 구원하기 위한 하느님 아버지의 뜻을 이루는 것임을 잘 알고 계셨습니다. 그래서 그런 아들에게 조금이라도 마음의 짐이 되지 않도록 하려고 입술을 깨물며 어머니로서의 슬픔과 고통은 모두 속으로 감추셨을 것입니다. 그리고 아들 예수가 의연하게 고통을 이겨낼 수 있도록 끝까지 기도하며 힘을 실어 주셨던 것입니다.

저는 묵주기도의 고통의 신비를 묵상할 때면, 예수님과 함께 성모님이 겪으신 고통과 슬픔을 함께 떠올리지 않을 수가 없습니다. 그러며 저도 함께 아파합니다.

사랑하는 성모 마리아님, 저희들이 받는 구원의 은총 속에는 당신이 받으셨던 고통과 슬픔도 함께 담겨 있음을 잊지 않겠습니다.

우리를 돌보시고
예수님의 뜻을 전하시는 성모님

아들이 탤런트가 되어 드디어 드라마에 출연하게 된 한 엄마가, 친구들에게 자랑을 하면서 "우리 아들이 오늘 저녁 드라마에 출연하니까 꼭 보라."고 당부하였다.

그래서 친구들도 그 드라마를 열심히 보았는데, 그 아들은 신발장수로 나왔는데 대사 한마디도 없이 신발만 잠깐 팔고 들어갔다. 다음날 다시 모여서 어제 본 드라마 이야기를 하면서 "아들이 신발장수로 잠깐 나오고 대사는 한마디도 없던데."라며 친구들이 다소 실망한 듯 말하자 그 엄마가 한마디 했다.

"장사가 얼마나 잘 되었으면 말 한마디 할 시간이 없었겠어."

우리의 어머니가 되시고 예수님의 뜻을 전하시는 성모님

세상의 어머니들은 이렇게까지 자기 자식을 챙깁니다.

그런데 성모님은 예수님을 낳아서 기르는 역할에 그치지 않고, 예수님으로부터 교회의 어머니, 그리고 하느님을 믿는 모든 인류의 어머니가 되라는 큰 사명을 또 받으셨습니다.

그리고 또 하나 중요한 것은, 성모님은 예수님께서 우리 인간들에게 하시고 싶은 말씀을 자애로운 어머니의 목소리로 대신 전해주기도 하십니다. 이러한 성모님의 역할이 가시적으로 잘 드러나는 거룩한 표징이 바로 성모님 발현입니다. 미국 오하이오 데이턴 대학교 국제마리아연구소의 연구에 의하면, 성모님 발현은 지난 2,000년 동안 2,500건이 있었는데, 이 중 대표적인 사례 몇 가지만 묵상해 보고자 합니다.

1. 멕시코 과달루페에서의 발현

이 발현은 스페인이 멕시코를 정복한 후 10여 년쯤 지난 1531년 12월 9일부터 다섯 번에 걸쳐, 멕시코 원주민인 후안 디에고에게 나타나신 일입니다.

성모님은 현재의 멕시코시티 근처인 테페약 언덕에서 미사를 보러 가는 후안 디에고에게 나타나셔서, "나는 하늘과 땅의 참된 창조주이신 하느님의 영원한 동정 성모 마리아이며 너는 나의 작은 아들이다. …… 나는 이곳에 성당을 세우기를 간절히 바라고 있다. 그 성당에서 나의 사랑, 나의 자비, 나의 도움과 보호를 모두에게 베풀겠다." 하시며 이 말을 주교에게 전하라고 하셨습니다.

이 말을 전해들은 주교는 후안 디에고에게 성모님의 말씀임을 증명할 수 있는 표징을 가져오라고 하였는데, 성모님은 후안 디에고에게 언덕에 피어 있는 장미를 가져다 보여주라고 하셨습니다. 당시는 겨울이어서 장미가 피지 않는데도, 성모님이 말씀하신 곳에 갔더니 정말로 장미가 피어 있어서, 후안 디에고는 멕시코 원주민들이 망토처럼 걸쳐 입는 '틸마'에다 장미꽃을 한가득 담아서 주교에게 가져다 보여주었습니다.

그런데 그 틸마에 성모상이 사진처럼 새겨져 있었던 것입니다. 틸마는 선인장실로 만들어서 20년 정도만 지나면 썩는 것이 정상인데도, 이 틸마는 500년이 지난 지금도 변함이 없으며, 미국 NASA(항공 우주국)까지 나서서 검증을 하였는데, 성모님 옷에 새겨진 별들의 위치는 그날의 멕시코 하늘의 별자리 그대로이고, 성모님의 눈동자에는 당시 주교의 모습이 새겨져 있다고 합니다.

더욱 놀라운 기적은 당시 멕시코 원주민들은 매년 2만여 명의 사람을 산 제물로 바치는 토속 신앙을 가지고 있었는데, 성모님 발현 후 10년 만에 당시 멕시코 원주민 대다수인 800만 명이 가톨릭 신자가 되었으며, 인신 공양의 관습도 없어졌다고 합니다.

2. 프랑스 루르드에서의 발현

이 발현은 1858년 2월 11일부터 7월 16일까지 18회에 걸쳐 마리아 베르나데트 수비루라는 14세의 소녀에게 발현하신 일입니다.

성모님은 마사비엘 동굴 근처로 나무를 주으러 나갔던 베르나데트에게 나타나셔서, 죄인들을 위해 기도해 달라고 주문하시고 샘물이 나오는 곳을 알려주셨는데, 이 샘물이 수많은 치유의 기적을 만들어 내어서 루르드를 유명해지게 했습니다. 지금까지 공식적으로 접수된 기적만 7,400여 건인데, 교황청에서 엄격한 과학적 검증을 거쳐서 인정한 것도 70건이나 됩니다. 70번째의 기적은 2018년에 프랑스 예수 성심 프란치스코 수녀회 소속의 베르나데트 모리오 수녀가 받은 치유의 기적으로, 모리오 수녀는 자신이 받은 치유의 기적을 '기적은 존재한다'는 책에서 자세하게 증언하고 있습니다.

특히 주님 탄생 예고 대축일인 3월 25일에, 베르나데트는 성모님께 누구신지 여쭤 보았는데, 성모님은 "나는 원죄없이 잉태된 자다."라고 대답하셨습니다. 성모님의 대답은 4년전 비오 9세 교황이 '마리아의 원죄 없으신 잉태' 교의를 선포한 것을 하느님께서 인정하신 것으로 받아들여졌습니다. 그리고 베르나데트 수녀는 죽은 뒤 시신이 썩지 않는 은총을 받았습니다.

3. 포르투갈 파티마에서의 발현

이 발현은 1917년 5월 13일부터 10월 13일까지 매월 13일에 6회에 걸쳐, 12살이던 양치기 소녀 루치아와 사촌 동생인 프란치스코와 히야친타에게 나타나신 일입니다.

성모님께서는 이 어린이들에게 "전쟁이 끝나고 세상에 평화가 오도록 매일 묵주기도를 바쳐라." 하셨습니다. 특히 10월 13일 마지막 날에는 큰 기적을 보여 주겠다고 미리 약속을 하셨는데, 이를 확인하려고 7만명의 사람들이 운집을 했습니다. 이때 그곳에는 전날 밤부터 비가 내렸는데 약속한 12시경에 비가 그치고 맑은 하늘에 태양이 빛났으며, 성모님이 발현하셔서 어린이들에게 "나는 묵주기도의 모후다. 나를 공경하는 뜻으로 이 자리에 성당을 짓고 매일 묵주기도를 바쳐라."라고 말씀하시고, 하늘로 손을 뻗치시자, 태양이 색색의 빛줄기를 뿜으며 빙글빙글 돌면서 마치 땅 위로 떨어지려는 듯했다고 합니다.

성모님이 보여주신 이 기적은 7만 명의 사람들이 함께 체험한 것으로, 성모님의 발현을 인정하기에 충분했고 언론에도 대서특필되었습니다.

우리의 믿음을 키워 주시는 성모님

또 성모님께서는 보스니아 헤르체고비나의 메주고리예에서, 1981년 6월 24일에 시작하여 지금까지도 계속하여 발현하시면서, 우리를 위한 예수님의 메시지를 전해주고 계십니다.

저는 지금도 계속되고 있는 성모님의 발현은, 예수님께서 하느님의 참 아들이시며 예수님께서 지상에 계실 때 주신 모든 가르침이 참 진리이고, 하느님께서 우리 인간을 끊임없이 사랑하고 계시다는 것을 분명하게 보여주는 표징이라고 생각합니다.

저는 이런 성모님이 우리의 어머니인 것이 너무나 감사하고 가슴 벅차도록 기쁩니다.

참으로 큰 묵주기도의
기쁨과 은총

어떤 소시민 아버지가 유치원 다니는 아들에게 "아들은 커서 어떤 사람이 되고 싶어?" 하고 물었다. 그랬더니 아들이 서슴없이 "대통령!" 하는 것이었다.

비록 철없는 어린 아들의 말이지만 아버지는 대통령을 하겠다는 아들의 말에 참으로 기분이 좋았다. 그래서 다시 "아들이 대통령 되면 아빠 뭐 시켜줄거야?" 하고 물었다. 그랬더니 아들이 머뭇거림 없이 대답했다.

"짜장면!"

성모님께서 가장 좋아하시는 묵주기도

대통령이 된 아들이 아빠에게 짜장면이나 시켜주겠다고 하니 실소를 금할 수가 없습니다.

그러나 어린 아들이 아빠와 핀트는 안 맞았지만, 자기가 생각하는 가장 좋은 것을 사랑하는 아빠에게 시켜드리고 싶어하는 갸륵한 마음은 높이 사야 될 것 같습니다.

우리는 성모님께서 가장 좋아하시는 것은 '묵주기도'이며, 성모님께서 발현하실 때마다 '묵주기도'를 많이 할 것을 당부하신다는 것을 잘 압니다. 성모님께서 묵주기도를 강조하시는 이유는 성모님을 위하라는 것이 아니라, 묵주기도의 본질이 성모님과 함께 예수님을 바라보는 것이며, 또 우리의 신앙을 굳세게 만들어주는 매우 좋은 방법이기 때문입니다.

우리를 지켜주는 강력한 무기, 묵주기도

성모님께서는 1983년 10월 7일 로사리오 축일에, 마리아 사제 운동의 창시자인 이탈리아의 곱비 신부에게 "사랑하는 자녀들아, 사탄과 그의 간교함과 위험한 유혹에 대항하고, 힘센 악의 세력과 대적하는 매일의 일상에서 주님의 천사들이 주는 도움과는 별도로 안전하고 강력한 무기를 사용할 필요가 있다. 너의 묵주기도가 그 무기이다."라는 메시지를 주셨습니다.

또 요한 바오로 2세 교황께서도 교서 '동정 마리아의 묵주기도'에서, "묵주기도는 분명히 성모 신심의 특성을 지니고 있지만 본질적으로는 그리스도를 중심으로 하는 기도입니다. 묵주기도는 그 소박한 구조 속에 모든 복음 메시지의 핵심을 집약하고 있으므로 마치 복음의 요약과 같습니다."라고 하시며, 당신 자신도 언제나 성모님께 묵주기도를 드리며 힘과 위로를 받는다고 하셨습니다.

저는 개인들이 받는 묵주기도의 은총 외에 공동체 차원에서 있었던 기적 같은 사례를 알고 있습니다.

첫째로, 알버트 새몬 신부님이 쓰신 '묵주기도의 힘'에 나온 리더스 다이제스트 1964년 11월호에 실린 '스스로 구원한 나라'라는 기사에 소개된 브라질의 사례입니다. 1961년 브라질이 쿠바처럼 공산화가 될 위기에 처했을 때, 브라질 여성들이 묵주기도를 하여 브라질의 공산화를 저지하였는데, 상파울루에서는 60만명의 여성들이 모여서 묵주기도를 하여 브라질의 공산혁명을 결정적으로 저지하였다고 합니다.

둘째는 최근에 나이지리아 동북부에 위치한 마이두구리 교구의 교구장 올리버 도에메 주교님에게 나타난 묵주기도의 기적입니다. 마이두구리 지역은 이슬람 테러 단체인 '보코 하람'의 근거지인데, 이들의 공격 때문에 마이두구리 교구의 25개 성당이 문을 닫기도 하였습니다. 그러던 어느날 올리버 도에메 주교님의 꿈에 예수님이 칼을 주셨는데, 이 칼이 받자마자 묵주로 바뀌었답니다. 그래서 올리버 주교님은 묵주기도를 많이 하라는 예수님의 메시지로 생각하고, 묵주기도 부대를 만들어서 열심히 묵주기도를 올렸는데, 놀랍게도 이 교구 관할구역에서 2020년부터 수천 명의 테러리스트들이 스스로 항복하고 무기를 버렸으며, 보코 하람의 공격으로 폐쇄되었던 성당들도 다시 미사를 재개하는 등 평화를 회복했다고 합니다.

예순 다섯에 깨달은 묵주기도의 기쁨

저는 참으로 부끄럽게도 예순다섯에 재판을 받는 뜻밖의 시련을 겪게 되면서 처음으로 '9일 기도'를 드리게 되었는데, 이때 묵주기도가 얼마나 좋은 기도인지를 깨닫게 되었습니다.

9일 기도는 성모님께서 직접 가르쳐 주신 묵주기도의 방법으로, 1884년 나폴리에 사는 포르투나 아그렐리라는 소녀가 불치의 병으로 시달리면서 묵주기도를 하였을 때, 성모님께서 두 번 발현하셔서 "네가 지금 나를 묵주기도의 모후라고 불렀으니 네가 간원하는 은혜를 도무지 거절할 수가 없구나.", "누구든지 나의 도움을 얻고자 하는 사람은 청원의 9일 기도 세 번과 감사의 9일 기도

세 번을 바쳐라."라고 하셔서 그대로 하였더니 정말 병이 나았다는 기적에서 유래를 하였습니다.

그래서 저도 54일동안 새벽에 일어나 성모님과 함께 예수님의 일생을 묵상하며 한 시간씩 묵주기도를 하였는데, 그렇게 마음이 평화롭고 기쁠 수가 없었습니다. 그래서 저는 사랑하는 가족들을 비롯하여 저의 기도가 필요한 사람들을 위해서 9일 기도를 계속하게 되었고, 청원기도와 감사기도가 끝날 때마다 성모상(주로 명동 대성당 무염시태 성모상)을 찾아가 꽃을 봉헌하였습니다.

비처럼 쏟아진 묵주기도의 은총

저는 또 묵주기도를 하면서 성모님께서 저의 기도를 늘 귀담아 들어주신다는 것을 확실히 알게 되었고, 저에게도 9일 기도의 은총이 많이 내렸습니다.

첫 9일 기도의 청원이었던 재판과 관련해서도 이 책에서는 일일이 언급할 수 없지만, 처음에는 구속까지 되었는데 14일 만에 법원이 구속 적부심에서 석방을 시켜주었으며, 재판과정에서 제가 검찰의 주장처럼 위법한 잘못을 하지 않았으며, 군인이며 신앙인으로서 결코 부끄럽지 않게 살았다는 증언과 증거가 충분히 나오고, 또 재판이 끝난 지 두 달 만에 특별사면과 복권이 되어 모든 매듭이 신속하고 말끔하게 풀어졌는데, 저는 이 모든 것들이 묵주기도의 은총이라고 믿습니다.

그리고 가족들에게도 제가 기도한 대로 각자에게 필요한 은총이 많이 주어졌는데, 특히 개신교 신자였다가 결혼한 후 저를 위해 가톨릭으로 개종한 아내가 꿈에 성모님을 맞이하면서, 35년 만에 진정한 가톨릭 신앙을 갖게 되는 은총이 내리고, 고대하던 손자도 얻는 은총이 내렸습니다.

그런데 무엇보다도 큰 은총은 제가 묵주기도의 기쁨과 하느님의 사랑을 깊이 깨닫게 하시고, 제가 평생동안 하느님으로부터 받은 큰 사랑을 세상에 알리는 것이 하느님의 뜻이라는 것을 깨닫고 이 책을 쓰게 된 것입니다.

저는 올해로 신앙생활을 한지 65년이 되었는데, 묵주기도는 저의 신앙에 르네상스를 가져왔고, 그래서 저는 묵주기도의 기쁨과 은총을 깨닫는 계기를 마련해준 재판이라는 시련까지도 하느님께서 주신 큰 사랑이라고 굳게 믿습니다.

신앙인의 모범이신 성모님

초등학교 다니는 아들이 학교에서 시험을 보았는데 부모님께 성적표를 보여주지 않는 것이었다. 그래서 엄마가 "너 지난번에 시험 본 성적표 왜 안 보여주니?" 하고 물었다.
그랬더니 아들이 대답했다.
"선생님이 부모님께서 걱정하실 일은 하지 말라고 하셨거든요."

신앙인 최고의 모범이신 성모님

어린 아들의 대답이 참으로 걸작입니다.
성모님께서도 발현하실 때마다 우리에게 많은 메시지를 주시는데, 한마디로 요약하면 "하느님 아버지와 예수님께서 걱정하실 일을 하지 마라."인 것 같습니다. 그러면 우리가 그리스도인으로서 하느님 아버지와 예수님께서 걱정하지 않도록 잘 살 수 있는 길은 무엇일까요?

저는 하느님 아버지의 마음에 쏙 들게 잘 살 수 있는 가장 좋은 방법은, 신앙인 최고의 모범이신 성모님에게서 배우는 것이라고 생각합니다.

제가 성모님에게서 배우는 신앙의 자세는 다섯 가지입니다.

첫째는 확고한 믿음입니다.

창세기 22장 1-18절에는, 하느님께서 신앙의 아버지인 아브라함의 믿음을 시험하시는 모습이 나옵니다. 아브라함은 하느님께서 백 세에 얻은 귀한 아들 이사악을 제물로 바치라고 하시자, 단 한마디의 질문이나 불평 없이 아들을 제물로 바칩니다.

성모님의 믿음은 성조 아브라함의 믿음과 쌍벽을 이루는 굳건한 믿음입니다. 가브리엘 천사가 예수님의 잉태를 알렸을 때, 처녀가 임신을 한다는 것은 곧 죽음이라는 것을 알면서도, 하느님에 대한 확고한 믿음으로 이를 주저없이 받아들였습니다. 그리고 성모님은 예수님의 모든 것을 추호의 의심도 없이 온전히 신뢰하셨습니다.

둘째는 겸손한 순명입니다.

성경에 나오는 겸손함의 대표는 "나는 그분의 신발을 들고 다닐 자격조차 없다."(마태 3, 11)라고 말한 세례자 요한입니다.

그런데 세례자 요한보다 더 큰 겸손이 성모님에게서 나타났습니다. 성모님께서는 가브리엘 천사의 말을 들었을 때 지체 없이 "저는 주님의 종입니다. 말씀하신 대로 저에게 이루어지기를 바랍니다."(루카 1, 28-38)라며 겸손하게 하느님의 뜻을 받아들였습니다.

신학자들은 성모님께서 자신의 자유와 존엄을 하느님 아버지의 뜻에 온전히 내맡기신 겸손한 순명이야말로 성경이라는 드라마의 핵심이며, 하느님의 명을 어긴 이브의 불순종에 대비하여 인류의 새로운 어머니가 되게 하신 근거라고 이야기합니다.

셋째는 행동하는 사랑입니다.

성모님은 가브리엘 천사로부터 엘리사벳이 늙은 나이에도 아들을 잉태하였다는 말을 들었을 때, 서둘러 유다 산악지방에 있는 엘리사벳을 찾아가 석 달가량 도와줍니다.(루카 1, 39-45) 또 카나의 혼인잔치에서, 술이 떨어져서 혼주가 난처한 입장에 빠진 것을 보았을 때, 바로 예수님께 그 사실을 알려서 난처함을 해결해 주셨습니다.

예수님의 가르침을 한마디로 요약하면 '하느님과 이웃을 사랑하는 것'인데, 사랑은 말로 이루어지는 것이 아니라 행동으로만 이루어지는 것입니다.

성모님은 예수님의 가르침을 행동으로 온전하게 실천한 진정한 제자이시며, 우리가 성모님께 기도를 하는 것도, 성모님께서는 우리의 고통과 어려움을 외면하지 않으시고 틀림없이 하느님께 전하실 분임을 믿기 때문입니다.

넷째는 강인하고 의연함입니다.

성모님은 성모칠고에서도 묵상하였듯이, 세상의 어떤 어머니보다 큰 고통과 슬픔을 받았던 분입니다. 성모님께서는 예수님의 수난과 십자가의 죽음 앞에서 어머니로서의 극심한 고통과 슬픔을 의연하게 견디어 내시고, 아들 예수에게 힘을 실어주신 강인한 분이십니다.

우리가 이 세상을 살아가려면 크고 작은 어려움과 고통과 슬픔을 견뎌내야 합니다. 이럴 때 성모님이 보여주신 강인하고 의연하신 모습은 우리에게 큰 힘이 되어줄 수 있다고 저는 굳게 믿습니다.

다섯째는 분별력 있고 당당한 역할 수행입니다.

성모님께서는 한없이 겸손하시고 함부로 나서지 않는 분이시지만, 하느님과 예수님으로부터 받으신 당신의 역할이 있을 때는 확실하고 당당하게 수행하신 분입니다.

성모님께서 엘리사벳의 인사말을 듣고 답례로 드린 마니피캇(마리아의 노래)을 보면 "이제부터 과연 모든 세대가 나를 행복하다 하리니 전능하신 분께서 나에게 큰일을 하셨기 때문입니다."(루카 1, 48-49)라고 당당하게 말하십니다.

또 카나의 혼인 잔치에서는, 예수님께서 "여인이시여, 저에게 무엇을 바라십니까? 아직 저의 때가 오지 않았습니다."라고 말씀을 하시는데도, 성모님은 일꾼들에게 "무엇이든지 그가 시키는 대로 하여라."라고 말씀하십니다. 이는 얼핏 보면 예수님의 뜻과 다른 행동을 하신 것으로 보이지만, 성모님께서는 예수님께서 해결책을 분명히 가지고 계시고, 주인의 어려움을 외면하지 않으실 것이라는 확신이 있었습니다. 성모님은 예수님과 예수님의 도움을 필요로 하는 인간 사이를 연결하는 것이 당신의 역할이라는 것을 분명하게 인식하고 계셨습니다.

저는 저의 힘과 위로가 되어 주실 뿐 아니라, 저를 언제나 하느님께로 이끌어 주시며 저에게 신앙의 모범을 보여주시는 성모님이 저의 어머니여서 너무나 든든하고 행복합니다.

성모님께 드리는 찬미와 사랑

어느 초등학교 3학년 미술시간이었다. 선생님께서 오늘은 자기가 제일 좋아하는 것을 그려 보라고 하셨다. 학생들은 자동차도 그리고 강아지도 그리고 로봇도 그리는 등 자기가 제일 좋아하는 것들을 신이 나서 그렸다.

그런데 선생님이 돌아보니 한 학생은 도화지 앞뒤로 까만색만 열심히 칠하고 있는 것이었다. 선생님께서 이 학생을 보고 "자기가 좋아하는 것을 그려보라고 하였는데 너는 왜 장난만 하고 있냐?"라고 말씀하시자 학생이 진지하게 대답했다.

"선생님, 저는 김을 제일 좋아하는데요."

성모님 찬미와 공경은 마땅하고 옳은 일

그러네요, 김이 있었네요.
우리나라에 천주교가 처음 들어왔을 때는 신자들이 신부님을 1년에 한 번 보기도 힘들었는데도, 우리 선조들은 기꺼이 순교까지 하는 굳은 신앙을 가졌습니다. 그분들은 그저 "예수님, 성모님!" 두 마디만을 되뇌었을 뿐입니다. 그렇습니다. 우리가 진실된 그리스도인이 되기 위해서는 교리적인 지식도 필요하지만, 더욱 중요한 것은 신앙 선조들처럼 하느님을 굳게 믿으며 예수님과 성모님을 진실된 마음으로 사랑하는 자세인 것 같습니다.

성모 호칭 기도를 보면 '지극히 거룩하신 동정녀', '그리스도의 어머니', '신비로운 장미', '샛별' 등 성모님을 부르는 이름이 50여 가지나 나옵니다. 그런데 이러한 호칭은 우리가 성모님을 우상처럼 떠받들려고 미사여구를 동원한 것이 결코 아닙니다.

그리고 성모님은 지금도 우리의 간청을 하느님 아버지께 끊임없이 전하시며, 우리를 하느님 아버지께로 이끌어 주시고자 애쓰십니다. 이러한 성모님의 온 생애와 역할을 묵상해보면, 이러한 호칭들이 자연스럽게 나오지 않을 수 없었던 것입니다.

성모님께 올리는 저의 찬미

제가 중위 시절이었던 1979년 5월 5일의 제 일기에는 성모성월을 맞은 저의 마음이 이렇게 적혀 있습니다.

"이 새 아침의 광휘(光輝)는 누구를 위한 것입니까?

 저 티없는 날것들의 명동(鳴動)은 누구를 찬양하는 노래입니까?

 온 누리에 영롱한 이슬 머금고 함초롬히 피어난 들꽃은

누구에게 바쳐진 선물입니까?

은총이 가득하신 마리아여 기뻐하소서

주께서 함께 계시니 여인 중에 복되시며

태중의 아들 또한 복되시도다

이 모든 것들은 당신의 영광과, 참 아름다움과,

한없는 우리 사랑에의 보답입니다.

5월,

바로 당신의 계절입니다.

이 찬란한 광휘(光輝)는 당신의 사랑이며

이 청아한 명동(鳴動)은 당신의 부름이며

온 누리에 펼쳐진 美의 향연(饗宴)은 당신의 미소입니다.

모든 찬미로 당신을 사랑하나이다."

저는 묵주기도를 하면서, 성모님께 정성된 마음으로 찬미와 공경을 드리는 것이 얼마나 기쁘고 은혜를 크게 받는 일인지를 더욱 잘 알게 되었습니다.

성모님 앞에서는 철없는 어린 아들이고 싶습니다.

저는 초등학생 때 성당에서 '마르첼리노의 기적'이란 책을 읽었던 기억이 납니다. 이 동화는 수도원에서 자라는 어린 마르첼리노가 우연히 다락방에 올라갔다가 십자가에 달리신 예수님을 만나게 되는데, 이후 십자가에 달리신 예수님을 수시로 찾아가 이야기를 나누며, 예수님에게 빵을 가져다 드리고, 그리고 마지막에는 십자가에 달리신 예수님의 품에 안겨서 죽는 감동적인 이야기였습니다.

저는 어린 마르첼리노가 예수님의 품에 안겼듯이, 성모님과 함께할 때 정말로 어머니 품에 안긴 듯하며, 성모님의 따뜻한 손길과 저를 어여삐 바라보시는 사랑 가득한 눈길이 느껴집니다.

그래서 저는 성모님께 기도도 하지만 어린 아들처럼 대화하기를 좋아합니다. 새벽에 일어나 기도를 할 때는 성모상을 보며 "어머니 안녕히 주무셨습니까?" 하고 먼저 문안 인사를 드립니다.

9일 기도를 드릴 때는 성모님과 나눌 대화가 참 많습니다. 성모님께서 예수님을 잉태하신 묵상을 할 때는 "성모님 축하드립니다"라고 인사하고, 성모님께서 예수님을 낳으심을 묵상할 때는, "성모님 축하드립니다. 그런데 한겨울에 마구간에서 예수님을 낳으시느라 얼마나 고생 많으셨습니까?"라고 말씀드립니다.

고통의 신비를 묵상할 때는 예수님의 고통뿐만 아니라, 고통받는 아들을 그저 바라볼 수밖에 없었던 성모님의 마음은 얼마나 아팠을까를 생각하며 함께 아파합니다. 예수님의 부활하심을 묵상할 때는 "성모님, 죽으셨던 아드님이 살아 돌아오셔서 얼마나 기쁘세요? 진심으로 경하드립니다."라고 말씀드리며 함께 기뻐합니다.

프란치스코 교황님은 해외 순방 전후에 항상 로마 시내에 있는 산타 마리아 마조레 성당을 찾아가 성모상 앞에서 기도를 하신다고 합니다. 저도 먼 길을 나설 때는 성모님께 기도를 드리고 가고, 돌아와서는 잘 다녀왔다고 인사를 합니다. 때로는 집을 나설 때 성모상을 향해서 "다녀오겠습니다"라고 군인 아들답게 거수경례를 하며 재롱을 부립니다. 그러면 성모님께서 저의 뒷모습을 보시면서 빙그레 미소를 지으시는 것 같습니다.

저는 성모님을 이렇게 사랑하고 싶습니다

중국 춘추시대에 노래자(老萊子)라는 학식과 덕망이 높은 사람이 있었는데, 이 사람은 특히 효심이 깊었습니다. 그래서 70이 되어서도 노모를 기쁘게 해드리기 위해서 색동옷을 입고 춤을 추었다고 합니다.

저의 어머니는 100세에 돌아가셨는데, 99세에도 부산과 설악산에 모시고 다녀올 정도로 건강하셨습니다. 저는 군 생활동안 어머니를 대부분 모시고 살았는데, 퇴직 후에는 어머니께서 고향에 있는 누님들에게 가서 지내셨습니다. 그런데 100세에 접어드시면서 기력이 갑자기 떨어지시는 것을 보고, 저는 어머니의 삶이 얼마 남지 않았음을 직감하고 서울에서의 모든 일들을 접고 고향 충주로 내려가서 어머니와 함께 지냈습니다.

저는 어머니 밥도 먹여드리고, 유복자로 태어난 저를 늘 애틋하게 생각하시던 어머니와 함께 지내온 세월들을 이야기하며 어머니 옆에서 손을 잡고 잤습니다. 그렇게 다섯 달을 더 사시고 어머니는 아름다운 5월에 하느님 나라로 돌아가셨습니다.

저는 이제 효심 깊은 중국의 노래자가 노모 앞에서 춤을 추었던 것처럼, 또 어머니와 함께 지냈던 마지막 다섯 달처럼, 그리고 유머의 어린이가 도화지 앞뒤로 빼곡히 까만 칠을 한 것처럼, 저의 마음을 성모님에 대한 사랑으로 빼곡히 채우고 싶습니다.

제 4 부

예,
저는 은혜로운 천주교인입니다

가톨릭교회의 4가지 특별함

가톨릭다움의 꽃, 미사

거룩한 성체성사의 신비

하느님의 크신 은총, 고해성사

교계제도(Holy Order)를 가진 가톨릭

가톨릭교회의 보물인 성인 성녀

참으로 자랑스러운 한국 천주교회

가톨릭교회의 4가지 특별함

어느 교황님이 운전을 직접 한번 해보고 싶으셨다.

그래서 수행 비서와 운전기사만 데리고 교황청을 나온 후 기사를 뒷자리로 보내고 교황님이 직접 핸들을 잡고 로마 시내를 신나게 달리셨다. 그런데 오랜만에 운전을 하다 보니 그만 신호위반으로 경찰에 걸리고 말았다.

그런데 정작 놀란 사람은 경찰이었다. 운전석에 앉아 있는 사람이 다른 사람도 아닌 교황님이 아니신가? 그래서 이 엄청난 상황을 보고하려고 본부를 호출하였는데, 너무도 당황해서 말이 나오질 않았다. 그러자 본부에서 "도대체 누굴 잡았길래 말을 제대로 못하냐?"라며 다그쳤다. 그러자 경찰이 말했다.

"교황님이 직접 운전을 하는 것으로 봐서 뒤에는 예수님이 타고 계신 것 같습니다."

그 뒤로 한동안 로마에는 예수님께서 비밀리에 교황님을 만나고 가셨다는 소문이 돌았다.

은혜 받은 천주교인

저는 네 살 때쯤 어머니 등에 업혀서 수안보 공소로 천주교를 다니기 시작하였는데, 일곱 살 때 어머니를 따라서 이레네오라는 세례명으로 영세를 받고 하느님의 자녀가 되었습니다. 그리고 제가 초등학교 4학년 때 우리 고장 수안보에도 성당이 세워져서, 그때부터 주일학교도 다니고 복사도 하면서 재미있게 그리고 열심히 성당을 다녔습니다.

그래서 저는 천주교인으로 사는 게 자연스러운 일상이 되었고, 육군사관학교에 가서도 복사를 다시 하고 가톨릭생도회장도 하는 등, 생도 생활의 과외 시간은 대부분 성당에서 활동을 하면서 보냈습니다. 임관 이후에도 군종신부님들을 힘껏 도와드리며, 예수님의 가르침을 삶 속에서 실천하는 삶을 살아야 한다는 생각을 늘 하며 살았습니다.

이제 70이 되어 저의 삶을 돌아보면서, 제가 천주교인으로 살 수 있었던 것은 그 무엇과도 비길 수 없는 크나큰 은혜였다는 것을 깨닫게 되었습니다.

제가 천주교인으로 살 수 있었던 것을 특별히 큰 은혜로 생각하는 것은, 그리스도교 중에서도 천주교만이 가지는 독특한 요소들이 저의 신앙과 삶을 하느님께 더욱 더 가깝게 이끌어 주었다는 믿음이 확실해졌기 때문입니다.

천주교만이 가지는 독특한 요소는 크게 4가지입니다.

첫째, 천주교는 '하나인 교회'입니다.

가톨릭교회는 예수님께서 직접 세우신 교회로서, 교황의 교도권 아래서 하나의 신앙을 고백하며, 하나의 교리, 하나의 전례를 가지고 한 분이신 하느님을 섬기는 교회입니다.

저는 미국에서 공부를 하였고, 또 군사 외교를 많이 해서 외국에 나갈 기회가 많이 있었는데, 어디에서나 가까운 성당을 찾아가 미사를 보고 성체조배를 하는 등 한국 본당에서와 똑같이 신앙생활을 할 수 있었습니다. 이는 가톨릭이 하나인 교회이기에 가능한 일이었습니다.

둘째, 천주교는 '거룩한 교회'입니다.

가톨릭교회는 그리스도교 다른 종파들과 달리 삼위일체 하느님이신 성자 예수 그리스도께서 직접 세우시고, 예수님을 머리로 하고 신자들은 지체가 되어 한 몸을 이루는 모임이기 때문에 거룩한 교회입니다. 또 가톨릭교회는 우리가 하느님께서 주시는 은총을 풍성하게 받고, 궁극적으로 우리가 하느님 나라로 들어갈 수 있도록 성덕(聖德)의 길로 이끌어 주는데, 이는 가톨릭교회만이 온전히 가지고 있는 7성사(세례, 견진, 고해, 성체, 병자, 혼인, 성품)를 통해서 이루어집니다.

저는 이 성사들을 통해서 하느님의 은총을 충만히 받을 수 있어서 얼마나 은혜롭고 감사한지 모르겠습니다.

셋째, 천주교는 '보편된 교회'입니다.

천주교의 영어식 표현은 가톨릭(Catholic)인데, 이 말의 의미는 '보편된'이란 뜻입니다. 바오로 사도가 "그리스도 안에서는 유다인도 그리스인도 없고, 종도 자유인도 없으며, 남자도 여자도 없습니다."(갈라 3, 28)라고 하였듯이, 가톨릭교회는 '가톨릭'이란 말의 뜻 그대로 종족과 언어와 문화와 신분 모두를 뛰어넘어, 누구나 차별 없고 제한 없이 믿을 수 있는 보편성을 가지고 있는 교회입니다.

저는 또 우리 가톨릭교회가 제2차 바티칸 공의회에서 선언한 것처럼, 갈라져 나간 그리스도교 형제들은 물론 타 종교에 대해서도 배타적이지 않으며, 그들 안에도 하느님의 뜻이 있다고 믿으면서 진정으로 존중해 주고 공통점을 찾아가는 노력을 기울이는 것도 가톨릭교회의 포용성을 보여주는 참다운 보편성이라고 생각합니다.

넷째, 천주교는 '사도로부터 이어오는 교회'입니다.

가톨릭교회는 예수님께서 베드로를 반석으로 하여 세상에 직접 세우신 교회이며, 사도들로 하여금 당신의 양인 우리들을 돌보도록 예수님의 권위를 사도들에게 위임해 주신 교회입니다.

그리고 초기 사도들의 역할은 주교들을 통하여 전승되고, 사도들의 수장이었던 베드로의 역할은 교황을 통해서 면면히 이어지고 있습니다. 예수 그리스도께서 직접 세우셨고 사도들의 후계자들로 계승되고 유지되는 교회는 가톨릭 밖에 없습니다.

예, 저는 은혜로운 천주교인입니다.

물론 우리 가톨릭교회는 2,000년이라는 장구한 세월을 지나오면서 많은 잘못도 있었습니다. 로버트 배런 주교님이 쓰신 '가톨리시즘'에 보면 "오랜 세월에 걸쳐 수없이 많은 잔혹한 행위들과 무도한 사건들에 연루된 교회를 어떻게 거룩하다고 선언할 수 있을까요? 교회가 거룩하다면 어떻게 종교 재판과 그에 수반되는 고문을 자행하고 십자군과 노예제도를 지지하며, 갈릴레이를 박해하고, 죄 없는 여자들을 마녀로 몰아 불태워 죽일 수 있었을까요? 가깝게는 어떻게 거룩한 교회가 아동 성추행을 저지른 사제들을 묵인하고 그러한 불법행위를 감추려한 주교들을 용인할 수 있었을까요?"라며 통렬한 고해를 하고 있습니다.

그러나 이러한 잘못은 교회를 이끌어가는 사람들의 인간적 잘못에서 비롯한 것이지 예수님이 직접 세우신 거룩한 교회의 본질에서 오는 것이 아닙니다. 교황님들은 이러한 잘못에 대해서는 기회가 있을 때마다 용서를 구하고, 제2차 바티칸 공의회와 같이 가톨릭교회가 예수님이 세상에 교회를 세우신 뜻에 더욱더 부합하는 거룩한 교회가 되기 위하여 끊임없이 노력을 기울이고 있습니다.

저는 이런 노력들을 통해 우리 가톨릭교회가 겉모양만 종가집이 아니라, 예수님이 가르치신 내용은 물론 예수님의 방식까지도 2천 년이 지난 시대를 살고 있는 저에게까지 하나도 변질됨이 없이 온전하게 전해지고 있는 것이 너무나 은혜롭고 감사합니다.

우리나라 최초의 사제 김대건 신부님은 천주교인임이 밝혀지면 곧 죽음이라는 절박한 상황에서도 당당하게 자신이 천주교인임을 밝혔습니다. 이제 저에게도 누군가가 "당신이 천주교인이오?" 하고 묻는다면, 저는 "예, 저는 참으로 은혜로운 천주교인입니다."라고 큰 소리로 대답하고 싶습니다.

가톨릭다움의 꽃,
미사

한 성당에서 미사를 드리는데 특별히 경건해야 할 성찬의 전례 시간에 휴대폰이 울렸다.

모두들 신부님의 불호령이 떨어질까 조마조마하며 도대체 누군가 두리번거리는데, 다른 사람도 아닌 미사를 하시는 주임신부님의 주머니에서 핸드폰 소리가 나는 것이었다.

신자들은 신부님이 이 난감한 상황에 어떻게 대처하실까 하고 걱정 반 호기심 반으로 신부님을 쳐다보았다. 그런데 신부님은 얼른 핸드폰을 꺼내더니 매우 차분하게 말하는 것이었다.

"하느님, 지금은 미사 중이니 미사 끝나고 전화드릴게요." 하고는 신자들에게 "하느님께서 우리의 기도에 이렇게 빨리 응답을 하실 줄 몰랐습니다."라며 태연히 미사를 계속하셨다.

가톨릭 전례의 중심인 미사

　신부님의 순발력 있고 센스 있는 대처가 가히 하늘을 찌르는 것 같습니다.

　무릇 모든 종교에는 교의(교리)와 종교의식이 있습니다. 가톨릭교회는 특별히 종교의식이 매우 다양하고 세밀하게 규정되어 있는데, 가톨릭교회는 이러한 종교의식을 전례라고 합니다. 예수님께서 직접 세우신 7성사를 중심으로 하는 전례를 통해 하느님을 보다 높이 찬양할 수 있고 더 크게 은총을 받게 되므로, 전례는 교회 생활의 원천이자 정점이 됩니다. 이러한 가톨릭교회의 많은 전례 중에 가장 중심이 되는 전례는 두말할 필요도 없이 미사입니다.

　제2차 바티칸 공의회의 <거룩한 전례에 관한 헌장>에는, 미사에 대해 "우리는 이 지상의 전례에 참여할 때 우리 순례의 목적지인 성도 예루살렘에서 거행되는 천상의 전례를 미리 맛보고 그것에 참여하는 것이다."라고 하였습니다.

　저는 미사에 대해서 더 잘 설명할 능력은 없습니다. 그래서 제가 읽어본 책 중에서 미사의 의미와 중요성에 대해서 잘 설명해 준 세 권의 책을 통해서 미사의 의미에 대해서 묵상해보고자 합니다.

스콧 한 박사의 '어린양의 만찬'

첫 번째 책은 '어린 양의 만찬'이란 책입니다. 이 책을 쓴 사람은 역설적이게도 미국의 장로교회 목사이며 교수였던 스콧 한 박사입니다.

스콧 한 박사는 목사 시절 20년 넘게 요한 묵시록을 연구하였는데, 이 묵시록이 도무지 명쾌하게 이해가 되지 않아 가톨릭교회의 미사 전례를 한번 살펴보기로 하였습니다. 그래서 밀워키에 있는 한 성당의 미사에 견학을 갔는데, 스콧 한 박사는 미사 전례 안에서 형언할 수 없는 천상 보화를 발견하고 깊은 충격을 받았으며, 영원히 후회하지 않을 참된 생명의 신앙을 얻기 위해, 오랫동안 몸담았던 목사직마저 포기하고 가톨릭으로 개종을 하였습니다.

스콧 한 박사는 묵시록의 관점에서 본 미사의 의미와 가치를 '어린 양의 만찬'이란 책으로 썼는데, 이 책은 아마존 종교 부문 베스트셀러에 오른 명저가 되었으며, 저도 이 책을 읽으며 미사의 의미를 다시 한 번 깊이 깨닫게 되었고, 난해하기 이를 데 없었던 요한 묵시록도 어렴풋이 이해할 수 있게 되었습니다.

카타리나 리바스의 '거룩한 미사'

제가 미사의 의미와 가치에 대해서 피부적으로 확실하게 느끼게 해준 책은, 엘살바도르의 예수 성심 성체의 평신도 선교사 카타리나 리바스가 쓴 '거룩한 미사'란 책입니다.

이 책은 저자가 주님 탄생 대축일 미사에서 예수님과 성모님께서 발현하신 것을 보았으며, 또 예수님과 성모님께서 거룩한 미사에 대해 직접 설명해 주시고 깨우쳐 주신 것을, "모든 인류에게 알려야 한다."는 성모님의 뜻에 따라 받아 적은 것입니다.

저는 이 책을 읽고 미사가 얼마나 소중하고 가치 있는 전례인지를 피부로 깨닫게 되었고, 미사에 참례하는 저의 마음가짐과 자세를 확 바꾸게 되었습니다. 저는 우리 가톨릭 신자들은 이 책만큼은 꼭 한번 읽어보면 좋겠다고 생각합니다.

로버트 배런 주교님의 '가톨리시즘'

제가 세 번째로 소개 드리고 싶은 책은 로버트 배런 주교님이 쓰신 '가톨리시즘'이란 책입니다. 이 책의 7장 '사람이 되신 말씀, 참된 천상의 빵' 부분을 보면, 미사 순서대로 따라 가면서 미사가 지닌 다양한 차원의 의미를 깊이 있게 설명하고 있습니다.

이 책의 내용은 방대하기 때문에 여기에서는 일일이 소개드릴 수 없지만, 미사에 대해서 신학적으로 좀 더 깊이 있게 이해하고 싶으면 이 책을 꼭 한번 읽어 보면 좋겠다고 저는 생각합니다.

가톨릭에서 2천 년 동안 소중하게 간직해 왔고, 또 세계의 모든 성당에서 매일매일 재현되는 미사 성제는, 예수님과 함께 하면서 하느님의 은총을 가장 풍성하게 받을 수 있는 최고의 전례입니다.

저는 이런 미사에 언제든지 참여할 수 있는 천주교인인 것이 참으로 감사하고 은혜롭습니다.

거룩한 성체성사의 신비

어느 노인정에서 할머니들이 이야기를 하고 있었다.
한 할머니가 "우리 며느리가 요즈음 성당에를 다니기 시작했는데, 예수님이 십자가에 못 박혀서 죽었다고 하대."
이 말을 들은 다른 할머니가 "무엇 때문에 그렇게 험하게 죽었대?" 하고 묻자 할머니가 답했다.
"나도 자세히는 몰라. 그런데 우리 며느리가 매일 십자가 밑에서 가슴을 치며 '내 탓이오, 내 탓이오.' 하는 걸 보면 우리 며느리가 뭔가 크게 관련이 있는 것 같아."

성찬의 전례를 세우신 예수님

그렇습니다. 예수님은 우리의 죄를 대신하여 십자가에 못박혀 돌아가심으로써 우리를 구원하셨는데, 이러한 구원은 미사 때 이루어지는 성찬의 전례를 통하여 지금도 반복하여 이루어지고 있습니다. 그래서 성찬의 전례는 타 그리스도교(특히 성찬례를 단순한 상징으로 생각하는 개신교)와 가장 확실하게 구별되는 가톨릭교회의 핵심 전례인 것입니다.

예수님께서는 돌아가시기 전날, 예루살렘의 한 다락방에서 제자들과 함께 하신 최후의 만찬에서 성찬의 전례를 세우셨습니다.

성체 성혈의 기적 사례

성찬의 전례 때에 밀떡과 포도주는 예수님의 살아있는 살과 피로 실체적으로 변화되는데, 이를 가시적으로 보여주는 성체 성혈 기적 사례는 많이 있습니다.

2020년 10월 10일에 이탈리아 아시시에서 복자품에 오른 15세의 소년 카를로 아쿠티스가 만든 인터넷 공간의 '성체 성혈 기적' 리스트에 보면, 이탈리아, 스페인 등 19개국에서 100여 회 이상의 성체 성혈 기적이 일어났음을 알 수 있습니다.

이중 가장 대표적인 사례는 란치아노의 기적입니다.
8세기 경 이탈리아 란치아노의 성 바실리오 수도회 소속 한 수사 신부가, 미사를 집전하던 중 예수님이 성찬 전례 중에 실제로 현존하실까 하는 의심을 했는데, 이 신부가 빵과 포도주의 축성을 끝내는 순간, 그 제병이 사람의 살로 변하고 포도주가 사람의 피로 변하는 기적이 일어났습니다.

이 성당에서는 이를 그대로 보관하고 있었는데, 1970년에 기적을 일으킨 이 성체성혈의 샘플을 채취하여, 해부학·병리조직학 교수이며 아레초 병원의 수석의사였던 오도아르도 리놀리 교수 책임하에 과학적 조사를 하여 1971년 3월 4일에 조사 결과를 발표하였습니다.

1. 성체 기적의 피는 참으로 피이며, 살은 참으로 살이다.
2. 살은 심장 근육이며, 피와 살의 혈액형은 동일하며 AB형이다.
3. 피 안에는 정상적인 피에서와 같은 정상적인 비율의 단백질과 염화물, 인, 마그네슘, 칼슘 같은 무기물들이 발견되었다.
4. 이 살이 인간의 심장으로부터 해부적으로 잘라 온 것일 가능성은 전무하며, 이 살과 피를 보존하기 위하여 화학적인 방부 조치를 취한 흔적은 없다.
5. 그러므로 이 살과 피 안의 단백질과 무기물들이 부패되지 않고 보존된 것은 절대적으로 예외적인 현상이다.

그리고 가장 최근에 있었던 다른 하나의 사례는, 1996년 아르헨티나 부에노스아이레스의 성모 마리아 성당에서 있었던 성체의 기적입니다.

1996년 8월 18일 페세트 신부는, 영성체 때 한 신자로부터 성당 뒤쪽 바닥에 성체가 떨어져 있다는 말을 듣고, 이 성체를 주워서 물이 담긴 그릇에 담가 일단 성당 감실 안에 모셨습니다. 그런데 일주일 후 감실을 열어 보았더니, 이 성체가 피로 뒤덮인 살로 변해 있는 것을 발견하였습니다.

이 엄청난 사실을 접한 페세트 신부는 지금의 프란치스코 교황님이 되신 당시 교구의 베르골료 주교에게 이 사실을 보고 하였고, 3년이 지난 1999년 10월 5일에 이 성체가 변화된 모습 그대로 있는 것을 확인하고, 베르골료 주교는 과학적이고 객관적인 조사를 위해서 저명한 심장병 전문의이며 법의학자인 프레데릭 쥬기브 박사에게 조사를 의뢰하였습니다.

조사 결과 이것은 인간 DNA를 가진 살과 피로 심장근육이며, 백혈구가 있다는 사실이 발견되었습니다. 백혈구는 죽은 생명체에는 살 수 없으므로 이는 표본 채취 시 심장이 살아 있었음을 증명하는 것이었으며, 3년이나 변하지 않은 것은 과학적으로 설명할 수 없다고 하였습니다.

베르골료 주교는 신뢰성을 높이기 위해 신경생리학자인 리카

르도 카스타뇰 박사에게 한 번 더 조사를 의뢰하였는데, 샘플은 심장근육이며 피는 AB형으로, 란치아노의 성체성혈과 일치함을 밝혀 내었습니다.

성체성사는 하늘 나라의 삶을 체험하는 은총

하느님께서는 우리 인간의 이성으로 이해할 수 없는 하느님의 신비를, 이러한 기적과 표징을 통해서 우리에게 가시적으로 분명하게 보여 주십니다.

프란치스코 교황님은 저서 '신앙 생활의 핵심'에서 "주님께서 성체성사를 통해 우리에게 주신 선물에 대해 우리가 아무리 감사를 드린다고 해도 충분하지 않습니다. 주님께서 주신 선물은 참으로 위대합니다. 그러므로 주일 미사에 참례하는 것은 아주 중요한 일입니다. 미사에 참례하는 것은 기도하기 위한 것일 뿐 아니라, 성체를 받아 모시기 위한 것이기도 합니다."라며, 성체성사의 의미를 강조하고 있습니다.

저는 이러한 성체성사의 은총과 기쁨의 삶을 언제든지 누릴 수 있는 천주교인이 된 것이 너무나 기쁘고 은혜롭습니다.

하느님의 크신 은총, 고해성사

어느 성당의 주일학교에서 칠성사에 대해서 가르치고 있었다. 선생님께서 고해성사를 설명하면서 마태오에게 "우리가 죄를 용서받기 위해서는 어떻게 해야되지?" 하고 질문을 하였다. 그런데 마태오의 대답이 참으로 가관이었다.
"죄를 용서받으려면 먼저 죄를 지어야만 합니다."

예수님께서 세우신 죄 사함의 은총, 고해성사

마태오의 말이 논리적으로 틀린 말은 아닌 것 같습니다.

가톨릭교회는 예수 그리스도께서 직접 인류 구원의 도구로 세우신 교회이며, 예수님이 세우신 모든 전통을 이천 년 동안 고스란히 간직하고, 또 면면히 이어가고 있는 거룩한 교회입니다.

이러한 가톨릭의 전통 중에 고해성사가 있습니다. 고해성사는 우리가 세상을 살면서 지은 죄를 용서받고 영혼을 치유 받는 매우 소중한 은총으로, 성체성사와 더불어 우리가 그리스도인으로서 세상을 잘 살아가는데 꼭 필요한 매우 은혜로운 성사입니다.

개신교 신자들은 하느님만이 할 수 있는 죄 사함을 어떻게 사람인 신부에게서 받냐며 의문을 제기합니다. 그러나 고해성사의 전통도 예수님께서 직접 세우신 것이며, 예수님께서는 이 사죄권을 사도들에게 위임해 주셨고, 사도들이 받은 사죄권은 다시 사도들의 후계자인 주교들과 사제들을 통하여 계승되고 있는 것입니다.

사도들에게 위임해 주신 사죄권

예수님께서는 베드로에게 "너는 베드로이다. 내가 이 반석 위에 내 교회를 세울 터인즉, 저승의 세력도 그것을 이기지 못할 것이다. 또 나는 너에게 하늘 나라의 열쇠를 주겠다. 그러니 네가 무엇이든지 땅에서 매면 하늘에서도 매일 것이고, 네가 무엇이든지 땅에서 풀면 하늘에서도 풀릴 것이다."(마태 16, 16-19)라고 말씀하시며, 당신의 사죄권을 사도들에게 위임해 주십니다.

그리고 예수님께서는 부활하신 후 다시 제자들에게 "성령을 받아라. 너희가 누구의 죄든지 용서해주면 그가 용서를 받을 것이고, 그대로 두면 그대로 남아 있을 것이다."(요한 20, 22-23)라고 하시며, 사죄권을 한번 더 분명하게 위임해 주십니다.

고해성사의 은총

우리는 고해성사를 통하여 참으로 큰 은총을 받습니다.

17세기 초에 제네바 교구장이었고, 교회학자 칭호를 받은 성 프란치스코 살레시오 주교님이 쓴 '신심생활입문'에 보면, 고해성사의 은총에 대하여 이렇게 설명하고 있습니다.

"우리가 범한 죄를 겸손한 마음으로 고백하는 것은 하느님께 영광을 드리는 것입니다. 의사에게 병의 증세를 모두 말하고 치료를 받으면 병이 차츰 낫듯이, 고해 사제에게 죄를 고백하면 죄로 말미암은 상처가 치유될 것입니다. 고해 사제 앞에 가면, 골고타에서 그대의 죄를 깨끗이 씻어 주시려고 피를 흘리시며 십자가 위에 매달려 계신 예수 그리스도의 발아래 있는 것처럼 생각하십시오. 고해틀에 무릎을 꿇고 통회하는 사람에게 구세주의 성혈의 공로가 풍성히 내릴 것입니다."

우리는 가끔 TV에서 교황님께서도 고해사제 앞에 무릎을 꿇고 고해성사를 하는 모습을 보고, 또 명동대성당 상설 고해소에 가면 성직자나 수도자들이 고해성사를 보러 와있는 모습을 쉽게 볼 수 있는데, 이는 우리가 고해성사를 통해 프란치스코 살레시오 성인이 말하는 은총을 받기 때문임을 잘 보여주는 것입니다.

저도 이런저런 핑계로 오랫동안 판공성사도 제대로 보지 않는 부끄러운 신앙생활을 하였는데, 묵주기도의 은총을 받은 이후에는 한 달에 한 번은 꼭 고해성사를 보고 있습니다.

고해소에 가서 무릎을 꿇고 전능하신 하느님과 신부님께 제가 범한 잘못들을 고하고, 신부님의 "나도 성부와 성자와 성령의 이름으로 이 교우의 죄를 사하나이다."라는 사죄경 말씀을 들은 후, 십자가에 달리신 예수님을 바라보며 보속 기도까지 하고 나면, 참으로 마음이 가벼워지면서 잘못하지 말고 예수님 가르침 대로 바르고 착하게 살아야겠다는 결심을 한 번 더 하게 됩니다.

저는 이러한 은총이 가득한 고해성사를 언제든지 볼 수 있는 천주교인인 것이 얼마나 감사한 지 모르겠습니다.

교계제도(Holy Order)를 가진 가톨릭

신부님 한 분이 밤늦게 전철을 탔는데, 노숙인 같은 사람이 술에 잔뜩 취해서 신부님 옆자리에 앉았다. 몸에서는 역한 냄새가 나고, 옆 사람을 끊임없이 불편하게 하였다.

신부님은 당장 자리를 옮기고 싶었지만, 신부 입장에서 그럴 수도 없어서 꾹 참고 앉아 있었다. 그런데 그 사람이 선반에 있던 신문을 내려서 뒤적거리더니, 뜬금없이 "장염은 왜 생기는 거요?" 하고 질문을 하는 것이었다.

신부님은 그동안 불편했던 심기가 발동해서 "장염은 매일 술에 절어 살고 방탕하게 살면 생기는 병이요."라며 그 사람을 빗대어 말했다. 그러나 신부님은 이내 미안한 마음이 들어 "어디 장이 안 좋으십니까?" 하고 따뜻하게 말을 건넸다.

그랬더니 그 사람이 걱정스러운 어조로 대답하였다.

"나는 괜찮은데 신문에 교황님이 장염에 걸리셨다고 나왔길래 물어본거요."

가톨릭은 위계질서가 분명한 종교

신부님께서 본의 아니게 교황님께 결례를 하셨네요.

가톨릭교회는 사도로부터 이어오는 교회라는 특징이 있는데, 이러한 특징적 요소 중 하나는 교계(敎階)제도를 유지하는 것입니다. 교계란 교회 안에 군대와 같은 엄격한 위계질서가 있다는 말입니다. 가톨릭교회의 교계는 기본적으로 12사도를 계승하는 주교, 주교의 역할을 나누어 수행하는 협력자 사제, 그리고 주교나 사제를 보좌하는 부제 등 3개의 계급으로 나누어지고, 사도들의 으뜸이었던 베드로의 역할을 계승하는 주교단의 단장 교황님이 계십니다.

그래서 얼른 보면 가톨릭교회는 매우 권위주의적이고 교권(敎權) 위주의 교회라는 오해를 받기도 합니다. 그러나 이러한 교계제도도 예수님께서 지상에 당신의 교회를 세우실 때, 그 기초를 다 만들어 주신 것입니다.

가톨릭 교계(敎階)제도의 근거

예수님은 12사도를 직접 뽑으시고 이들에게 당신의 권한을 위임해 주시며, "너희는 가서 모든 민족들을 제자로 삼아 아버지와 아들과 성령의 이름으로 세례를 주고, 내가 너희에게 명령한 모든 것을 가르쳐 지키게 하여라."(마태 28, 19-20)라고 하셨습니다.

이러한 사도들의 위상과 역할은, 관할 교구의 사목을 책임지는 주교들을 통하여 계승되고 있습니다.

사제는 사도 시대 때 점차 교세가 확장되면서 주교 혼자 모든 지역을 돌볼 수 없게 되자, 협력자들을 선정하여 교육을 시키고 안수를 받게 한 후, 주교가 다스리던 곳을 분할하여 사목하게 할 필요가 생기면서 만들어진 직분입니다.

그리고 최하위 성직자인 부제는, 사도 시대 때 사도들은 하느님의 말씀을 전하는데 전념키 위해 믿음이 두텁고 성령과 지혜가 충만한 7명의 협조자를 선택하여 안수를 주고, 이들에게 식탁 봉사와 교회의 재물들을 관리하는 임무를 맡긴 데서 생긴 직분(사도 6, 1-6)입니다.

주교단의 단장이며 가톨릭교회의 수장인 교황직은, 12사도의 대표인 베드로 사도의 수위권을 계승하는 직분으로, 이 또한 예수님께서 직접 세우신 것입니다. 예수님은 베드로로부터 "스승님은 살아 계신 하느님의 아드님 그리스도이십니다."(마태 16, 16)라는 고백을 들으시고, "너는 베드로이다. 내가 이 반석(베드로)위에 내 교회를 세울 터인즉, 저승의 세력도 그것을 이기지 못할 것이다. 또 나는 너에게 하늘 나라의 열쇠를 주겠다."(마태 16, 18-19)라고 말씀하시며, 베드로를 제자들의 으뜸으로 세우시고 교회의 수위권을 부여하셨습니다.

그리고 또 예수님께서는 부활하신 후 베드로에게, "내 양들을 돌보아라."(요한 21, 15-17)라고 말씀하시며, 지상의 교회를 베드로에게 맡기셨습니다.

예수님은 왜 교회에 위계질서를 만드셨을까?

그러면 예수님께서는 왜 이런 교계제도의 기초를 직접 세우셨고, 가톨릭교회는 이를 면면히 이어가고 있을까요?

이에 대해 로버트 베런 주교님은 저서 '가톨리시즘'에서, "사도로부터 이어 오는 교회는 여러가지 생각들을 이리저리 끊임없이 논의하는 토론회장도 아니고, 민중의 선택에 따라 운영되는 민주주의 정치 체제도 아니다.", "하느님 교회는 선택된 소수에게 개인적으로 주어진 계시에 바탕을 두며, 이 소수의 사람들은 그 계시를 다음 세대로 계속해서 전해왔다."라며 하느님 교회(가톨릭)의 전통과 특성을 설명하고 있습니다.

국내 최초로 브랜드학 박사학위를 받은 김성제 박사는, 그의 저서 '종교 브랜드 시대, 왜 가톨릭은 세계 최강 종교 브랜드인가'에서, "교계제도는 하향식 체계라는 점에서 논란의 대상이 될 수 있으나, 13억 명이 넘는 세계의 가톨릭 종교 질서를 단일체제로 유지시켜온 시스템이라는 점에서 가톨릭 브랜드의 힘의 원천이다"라고 분석하고 있습니다.

저는 교계제도와 관련하여 우리가 또 하나 유념해야 할 것이 있다고 생각합니다. 그리스도교의 신앙은 기본적으로 눈에 보이지 않는 하느님을 믿는 것이며, 하느님에 대한 믿음은 세상의 과학으로는 다 설명되지 않는 신비를 받아들여야 하는 것을 전제로 한다는 사실입니다. 그리고 하느님의 뜻도 공개적으로 전달되는 것이 아니라 특정한 사람을 통해서 전달하신다는 것입니다. 그래서 자칫하면 하느님의 뜻을 사람마다 자기 생각대로 해석하고 왜곡할 수 있는 가능성이 있습니다. 이런 우려는 개신교에 수백 개의 교파가 존재하는 것으로도 입증이 되고 있습니다.

저는 가톨릭교회의 교계제도에는 인간의 특성과 한계에 대한 예수님의 깊은 배려가 들어있다고 확신합니다.

저는 교황님과 주교님들, 그리고 주교님들의 협력자인 신부님들이 하느님 백성인 우리들을 올바르게 이끌어주기 때문에, 우리가 하느님의 뜻에 더 가깝게 갈 수 있다고 확신합니다.

가톨릭교회의 보물인
성인 성녀

좋은 대학에 가기 위해서는 두가지 등급이 다 좋아야 한다. 하나는 수능 시험 등급이고, 또 하나는 내신 등급이다. 그런데 엄마들이 보는 자식의 등급도 있다.

1등급 : 공부를 잘 한다.

2등급 : 공부는 못하지만 성격이 좋다.

3등급 : 공부도 못하고 성격도 나쁘지만 건강은 하다.

4등급 : 지 아빠 닮았다.

예수님을 꼭 빼 닮은 성인 성녀

그런데 가톨릭 신자들을 놓고 세상살이 등급을 매긴다면, 다른 것은 어떨지 모르겠는데 4등급에 해당되는 사람이 확실히 있습니다. 바로 성인, 성녀들입니다. 그들은 다른 것은 몰라도 예수님은 꼭 빼 닮았기 때문입니다. 가톨릭교회는 영웅적인 덕행을 삶으로 보여 주고, 또 지상에서 하느님과 일치를 이루는 삶을 산 분들을 성인 성녀라고 선포하고, 이들을 특별히 기억하고 공경하는 전통을 가지고 있습니다.

가톨릭교회는 이런 삶을 산 성인, 성녀들을 모든 신자들이 본받고 공경하도록 권장합니다. 저는 그 중에서도 다음 몇 분들을 특별히 기억하고 싶습니다.

1. 사도 성 베드로와 사도 성 바오로

베드로 사도와 바오로 사도는 그리스도 교회의 양대 기둥입니다. 저는 이 두 분 성인을 보면서도 하느님의 놀라우신 능력과 지혜를 봅니다.

베드로 사도는 고기 잡던 어부로 배운 것도 없고 머리가 좋은 사람도 아닌 것 같습니다. 더구나 예수님을 세 번이나 모른다고 하는 등 믿음까지 흔들렸던 사람입니다. 그렇지만 예수님은 흔들릴 때마다 회개하고 더 굳은 믿음으로 돌아오는 베드로의 진솔함과 우직함을 높이 평가하시고 교회의 반석으로 삼으셨습니다.

바오로 사도는 12사도로 뽑힌 사람이 아닙니다. 바오로 사도는 매우 탁월한 식견과 로마의 시민권까지 가졌던 행동하는 지성인이었는데, 예수님을 만나기 전에는 그리스도인 박해에 앞장섰던 사람입니다.

그런데 예수님은 그리스도인들을 잡으려고 다마스쿠스로 가는 사울(바오로 사도의 원래 이름)에게 나타나셔서 극적으로 마음을 돌려 놓으셨습니다. 바오로 사도의 회심은 그리스도교 역사에서 아마 가장 극적인 반전일 것입니다.

하느님 교회는 두 분 성인의 덕에 이 세상에 굳건하게 뿌리내릴 수 있었고, 그래서 2천 년이 흐른 지금의 저도 하느님 나라에 갈 수 있게 되었습니다.

2. 주교학자 성 이레네오

이레네오 성인은 2세기 경 초기 가톨릭교회 교리를 정립하는 데 크게 기여하신 저의 주보 성인이십니다. 저는 일곱 살 때 어머니를 따라서 영세를 받았기 때문에 그때는 이레네오 성인이 누군지 몰랐습니다.

그런데 제가 공부하기를 좋아하고 이렇게 책도 쓰는 신앙인이 된 것은, 분명 주교이시며 학자이고 순교까지 하셨던 이레네오 성인께서 저를 위해서 많이 기도하고 돌봐 주신 것이 틀림없습니다.

3. 리지외의 성녀 소화 데레사

리지외의 데레사 성녀는 어릴 적부터 신심이 매우 깊었습니다. 그래서 아직 수도회에 들어갈 나이가 안 되었는데도 교구 주교님을 찾아가 수도회에 들어가게 해달라고 떼를 쓰고, 로마를 방문했을 때는 교황님께도 간곡히 청했습니다. 그래서 성녀는 열여섯 살이 채 안된 나이에 가르멜 수도회 입회 허락을 받았습니다.

데레사 성녀는 장미의 빛나는 아름다움과 백합의 눈부신 순백색으로 인해 작은 제비꽃의 향기나 들국화의 소박한 매력이 사라지지 않는다는 것을 알았습니다. 그래서 데레사 성녀는 예수님의 정원에서 들국화나 제비꽃처럼 작은 꽃이 되기를 원했습니다.

저는 어린아이 같고 작은 꽃이 되기를 바랐던 리지외의 데레사 성녀에게서 참으로 순진하고 겸손한 신앙을 배웁니다.

4. 오상(五傷)의 성 비오 신부님

비오 신부님은 오상(예수님의 다섯 상처)의 은총을 받은 최초의 사제로, 선종할 때까지 50년 동안이나 눈에 보이는 오상을 몸에 지니고 살았습니다.

비오 신부님은 살아 계시는 동안에도 수많은 치유의 기적을 일으키고, 한 사람이 두 곳에 동시에 존재하는 이처소재(異處所在) 현상을 보이시며, 신부님이 흘리는 피에서는 향기가 났다고 합니다. 또 고해성사를 보러 온 사람의 영혼을 꿰뚫어 보시며, 거짓된 고백을 하는 사람에게는 숨기고 있는 죄를 바로 지적하셔서 사람들을 놀라게 하셨습니다.

특히 비오 신부님의 미사는 예수님의 수난과 죽음을 체험하는 감동적인 미사였는데, 비오 신부님은 미사 때마다 그리스도의 십자가 위 죽음과 희생과 고통을 생각하며 울었기에, 신자들도 눈물 없이는 미사를 드릴 수 없었다고 합니다.

저는 비오 신부님을 통해서 2천년 전의 예수님이 전설이나 성경 속의 인물이 아니라, 지금도 살아계신 하느님의 아들 구원자 예수 그리스도이심을 다시 한 번 확신할 수 있습니다.

5. 성녀 마더 데레사

마더 데레사 수녀는 알바니아 출신으로 인도까지 와서 콜카타 학교에서 학생들을 가르쳤는데, 쇠약해진 건강을 회복하기 위해 수련 시절을 보냈던 다르질링으로 기차를 타고 가는 중에 예수님으로부터 "사랑의 선교사가 되어 가난한 이들 가운데 가장 가난한 이들을 섬기라."는 말씀을 들었습니다. 그래서 다시 콜카타로 돌아와서 '사랑의 선교회'를 창설하고 가장 가난한 사람들과 버려진 병자들을 돌보았습니다.

마더 데레사 수녀는 예수님의 말씀대로 '가난한 사람의 어머니', '종교와 인종을 초월해서 무한한 사랑을 실천한 20세기말의 천사'가 되었으며, 그 공로로 1979년에 노벨 평화상도 받았습니다.

저는 예수님의 사랑이 무엇인지를, 그리고 예수님께서 친히 세우신 하느님의 교회(가톨릭)가 무엇을 해야 하는지를 진정으로 보여주신 성녀 마더 데레사 수녀님이 참으로 고맙고 자랑스럽습니다.

6. 성 요한 바오로 2세 교황

성 요한 바오로 2세 교황님은, 1984년 한국 천주교회 200주년을 기해 한국에 오셔서 103위 순교 성인에 대한 시성식을 거행하시고, 1989년에는 서울에서 열린 국제성체대회에도 오시는 등 한국을 특별히 사랑하셨던 교황님이십니다.

성 요한 바오로 2세 교황님은 27년 재임동안 지구를 29바퀴나 도시면서, 종교의 벽을 넘어 인간의 존엄과 사회 정의를 지키려 애쓰셨고 동유럽에서 공산주의 체제를 종식시켰습니다. 그리고 가톨릭교회의 과거 잘못을 고해하고 참회한 용기 있는 지도자였습니다.

저는 예수님의 뜻을 계승하는 가톨릭교회의 정신으로 전 세계에 정의와 평화를 선물한 성 요한 바오로 2세 교황님이 참으로 자랑스럽고 고맙습니다.

7. 한국의 순교 성인들

우리나라는 천주교가 들어온 지 240여 년 밖에 되지 않지만 103위의 성인이 있습니다.

가톨릭 출판사에서 발간한 '한국 순교자 103위 순교성인전'을 보면, 열세 살 소년 유대철 베드로부터 일흔둘의 노인 정의배 마르코에 이르기까지, 남자·여자, 사제·신자, 부자·가난한 자, 양반·상민 할 것 없이 고문과 회유를 하던 관헌들이 감동할 정도로 당당하게 믿음을 증거하고, 기쁘고 의연하게 죽음을 맞이하는 모습을 생생하게 볼 수 있습니다.

저는 이런 분들이 우리의 신앙 선조인 것이 참으로 자랑스럽고, 저에게 굳은 믿음의 본이 되어 주셔서 너무나 감사합니다.

참으로 자랑스러운
한국 천주교회

한 사람이 재개발 덕분에 벼락부자가 되었다. 그래서 기념으로 유럽 여행을 가면서 품위 있게 1등석을 타고 갔다. 그런데 마침 외국 항공사 비행기였는데, 식사 시간이 되자 외국인 승무원이 와서 먼저 채식주의자인지 아닌지 확인을 하였다.

"Are you vegetarian(채식주의자)?"

급한대로 여행에 필요한 영어를 배웠지만 vegetarian은 처음 들어보는 말이었는데, 대충 들어보니 어느 나라 사람인가를 묻는 것 같았다. 그래서 자신있게 대답했다.

"No, I am Korean."

잿더미 속에서 피어난 나라, 대한민국

요즈음은 우리나라의 위상이 높아져서 어디를 가도 당당하고 자랑스럽게 "I am Korean." 하고 말할 수 있습니다.

저는 1980년에 미국 육군보병학교로 군사유학을 가면서 해외를 처음 나가게 되었습니다. 그때만 해도 우리나라는 보릿고개를 갓 넘기고 경제개발을 시작한 나라에 불과해서, 여행을 하면서 만나는 외국인들은 하나같이 "중국인이냐?" 아니면 "일본인이냐?"라고 물었지, 처음부터 "한국인이냐?"라고 묻는 사람은 단 한 명도 없었습니다. 그러나 지금의 대한민국은 세계 10위의 경제대국으로 발전하고, K-POP과 K-드라마를 넘어 문화, 예술, 스포츠 등 다방면에서 세계적으로 주목받는 나라가 되었습니다.

그런데 세계 가톨릭교회에서 차지하는 한국천주교회의 위상 또한 지금 우리 대한민국이 세계 속에서 가지는 위상에 결코 못지않은 자랑스러운 것이라고 저는 생각합니다.

1. 2,000년 가톨릭 역사에서 유일한 나라

우리나라는 가톨릭교회 2,000년 역사에서, 선교사에 의해 전파된 것이 아니라 스스로 천주교를 받아들인 유일한 나라입니다.
예수님께서 이스라엘 땅에 하느님의 교회(가톨릭)를 세우신 뒤, 사도들은 예수님의 말씀대로 세상의 모든 민족들에게 복음을 전파하기 시작하였습니다. 이어서 수많은 선교사들이 사도들의 뒤를 이어 목숨까지 바쳐가며 세상 끝까지 예수 그리스도의 복음을 전파하기 위해 헌신하였습니다.

그런데 우리나라만은 외국의 선교사들에 의해 복음이 전파된 것이 아니라 스스로가 천주교를 받아들였습니다. 18세기에 조선의 학자들이 경기도 광주의 천진암에 모여 중국으로부터 들어온 천주학을 학문차원에서 연구하다가, 하느님을 믿는 천주교 교리가 참 진리임을 깨닫고 이를 신앙으로 발전시켰던 것입니다. 그래서 1784년에 이승훈을 중국 북경으로 보내어 정식으로 천주교 교리를 배우고 세례를 받게 하여 한국의 천주교회가 탄생하게 된 것입니다.

2. 순교자들의 피로 만들어진 한국 천주교회

가톨릭교회가 세계 곳곳으로 전파되는 과정에는 죽음으로 신앙을 지켜야 하는 일이 많았습니다.
그러나 우리나라 천주교회는 시작부터 큰 박해와 핍박을 받으며 자랐습니다. 1791년 전라도 진산에서 윤지충과 권상연이 순교한 것을 시작으로 신유박해, 기해박해, 병오박해, 병인박해 등 크고 작은 박해를 많이 받았는데, 이 과정에서 10,000-20,000여 명의 신자들이 목숨을 기꺼이 바쳐가며 하느님에 대한 믿음을 증거하였습니다.

1984년 한국 천주교 200주년을 기념하여 요한 바오로 2세 교황님께서 한국에 오셨을 때도, 비행기에 내리신 후 땅에 입을 맞추시며 "순교자의 땅, 순교자의 땅."하며 한국 천주교회를 찬양하셨습니다. 그리고 2023. 9. 16 로마 베드로 대성당 벽에 동아시아 성인으로서는 최초로 성 김대건 안드레아 신부의 조각상이 봉헌되어 전 세계 가톨릭 신자들의 추앙을 받게 되었습니다.

우리나라에는 지금 103위의 성인과 124위의 복자들이 있는데 모두가 순교자들이십니다. 이러한 순교자들의 신앙을 이어받은 한국 천주교회는 날로 성장하여 2021년 기준으로 우리나라 인구의 11%인 590여만 명의 신자를 가진 교회로 성장하였고, 교육, 의료, 사회복지 등 많은 분야에서 한국 사회를 위해 봉사하고 있습니다.

3. 도움을 받는 교회에서 도움을 주는 교회로

우리나라 천주교회는 초기에는 프랑스 외방선교회 신부님들의 도움을 많이 받으며 성장하였고, 이어서 미국의 메리놀회 신부님들도 많은 도움을 주셨으며, 많은 외국의 수도자들이 한국에 오셔서 선교와 봉사활동을 하였습니다.

그러나 지금의 한국 천주교회는 나라의 발전에 걸맞게 세계에 하느님의 나라를 전파하고, 우리보다 가난하고 불쌍한 세계인들을 돕는데 앞장서고 있습니다. 2021년 기준으로 세계 80개국에서 1,115명의 한국인 신부와 수도자들이 활동을 하고 있고, '한국 카리타스', '희망재단' 같은 봉사단체에서 세계의 가난하고, 병들고, 전쟁과 재난으로 고생하는 사람들을 위해 많은 후원과 봉사를 하고 있습니다.

또 우리 한국 천주교회는 남수단의 성자 이태석 신부님, 김수환 추기경님, 그리고 교황청 성직자성 장관이신 유흥식 추기경님 같은 세계적인 인물도 배출한 가톨릭 국가가 되었습니다.

저는 가톨릭교회 역사에서 이렇게 자랑스러운 역사와 전통을 가지고, 이제는 한국 사회를 넘어 세계의 모든 민족들을 위하여 봉사하며 하느님의 뜻을 세상에 펼치는 한국의 천주교인인 것이 참으로 자랑스럽고 감사합니다.

제 5 부

하느님께서는 우리가 이 세상에서도 잘 살기를 바라십니다

이 세상을 잘 사는 것도 하느님의 뜻입니다

그리스도인의 성공과 행복

행복의 샘인 가정

시련과 고통, 벌일까? 은총일까?

세상을 잘 사는 비결, 감사와 나눔, 그리고 기도

죽음, 아름다운 마침, 기쁜 시작

이 세상을 잘 사는 것도
하느님 뜻입니다

초등학교 5학년 아들을 둔 엄마가 G2 시대에 대비해서 아들에게 중국어를 배우도록 하였다.

하루는 학원을 마치고 온 아들에게 엄마가 간식으로 튀김 요리를 해주었는데, 아들은 맛있게 간식을 먹으며 "엄마 요리 솜씨 최고!"라며 엄지척을 했다. 이 말을 들은 엄마는 아들 중국어 실력도 확인해 볼 겸 '금상첨화'를 염두에 두고 아들에게 물었다.

"아들, 엄마처럼 얼굴도 예쁜데 요리도 잘한다 같은 것을 사자성어로 무어라고 해?" 그러자 아들은 지체없이 "자화자찬."하고 말했다

엄마가 "그건 자기 자랑한다는 말이고, 한가지를 잘 하는데 다른 것도 잘한다는 뜻을 말할 때 쓰는 사자성어 있잖아?" 하고 말하자, 아들은 조금 생각을 하더니 "과대망상."하고 대답했다.

마음이 조금 상한 엄마는 "금자로 시작하는 것 있잖아."하고 힌트를 주었더니 아들이 자신있게 대답했다.

"아! 금시초문."

이 세상은 결코 허무하거나 부질없지 않습니다.

아들의 입에서 '금상첨화'란 말이 나왔으면 얼마나 좋았을까요?

저는 하느님께서는 자녀인 우리 모두가 영원한 복락을 누리는 하늘 나라로 들어오기를 바라시지만, 그에 앞서 우리가 이 세상에서도 잘 살고 오기를 바라신다고 확신합니다. 60년대 최고의 가수 최희준씨 노래 중에 '하숙생'이란 명곡이 있습니다.

"인생은 나그네 길 어디서 왔다가 어디로 가느냐
 구름이 흘러가듯 떠돌다 가는 길에
 정일랑 두지 말자 미련일랑 두지 말자
 인생은 나그네 길 구름이 흘러가듯 정처 없이 흘러서 간다."

그런데 저는 하느님을 믿는 사람으로서 이 가사에 대해 공감가는 면도 있지만 전적으로 공감할 수는 없습니다. 왜냐하면, 이 노래의 가사를 들어보면 "삶은 그저 지나가는 나그네 길."이고 "인생은 결국 부질없는 것."이라는 뉘앙스가 느껴지기 때문입니다.

물론 우리 가톨릭교회의 기도문에도 이 세상은 귀양살이이고 나그네 길이라는 표현이 있습니다. 그런데 이것은 '하숙생' 노래 가사와는 본질적으로 차이가 있습니다. 가톨릭교회가 말하는 귀양살이는, 아담과 하와가 하느님 나라에서 쫓겨났기 때문에 하느님 나라가 본향이고 이 세상은 귀양살이라고 표현한 것이고, 나그네길이라는 표현은 이 세상은 우리의 최종 목표인 하느님 나라로 가기 위한 여정이기 때문에 붙인 표현이지, 이 세상이 결코 허무하거나 부질없어서 붙인 표현은 아닙니다.

예수님께서도 직접 '주님의 기도'를 가르쳐 주시면서 "아버지의 뜻이 하늘에서와 같이 땅에서도 이루어지소서!"라고 기도하라고 하셨는데, 하느님의 뜻이 이루어지는 이 땅에서의 삶이 부질없고 허무할 리가 있겠습니까?

하느님은 우리가 이 세상에서도 잘 살기를 바라십니다 .

창세기 1장 27-28절에 보면, "하느님께서는 이렇게 당신의 모습으로 사람을 창조하셨다. 하느님께서 그들에게 복을 내리면서 말씀하셨다. '자식을 많이 낳고 번성하여 땅을 가득 채우고 지배하여라.'"라고 말씀하셨습니다.

이 말씀을 보면 하느님께서는 우리 인간을 크게 축복하시며 이 세상 모든 것을 우리에게 선물로 주신 것이 확실합니다. 또 마태오 복음서 25장 14-30절에도 보면, 예수님께서 어떤 주인이 여행을 떠나며 종들을 불러 재산을 맡기신 비유가 나옵니다. 주인은 집에 돌아와서 재산을 불린 종에게는 "잘하였다. 착하고 성실한 종아! 네가 작은 일에 성실하였으니 이제 내가 너에게 많은 일을 맡기겠다. 와서 네 주인과 함께 기쁨을 나누어라." 하고, 주인이 맡긴 탈렌트를 땅에 묻었다가 그대로 주인에게 돌려준 종에게는 "이 악하고 게으른 종아! 내가 심지 않은 데에서 거두고 뿌리지 않은 데에서 모으는 줄로 알고 있었다는 말이냐? …… 저 쓸모없는 종은 바깥 어둠 속으로 내던져 버려라. 거기에서 그는 울며 이를 갈 것이다."라고 말합니다.

예수님께서도 이렇게 말씀하실 만큼, 하느님께서는 우리들 각자 각자에게 맞는 탈렌트를 주시면서 이것들을 적극 활용하여 이 세상도 잘 살기를 바라십니다.

하느님이 바라시는 잘 사는 삶

물론 그리스도인은 세상을 잘 살아야 한다는 것이, 이 세상이 하느님 나라보다 더 위에 둘만큼 가치가 있고, 그래서 이 세상 것들에 집착과 미련을 두라는 것이 아니라는 것은 잘 압니다.

그런데 우리가 이 세상을 잘 살아야 한다는 것은 나만 잘 사는 것을 말하는 것이 아닙니다. 우리가 자녀를 낳아서 키워 보면 어떤 자식은 출세도 하고 돈도 많이 벌어서 잘 사는데, 어떤 자식은 어렵게 사는 일이 생깁니다. 이때 부모는 잘 사는 자식이 못사는 형제를 적극적으로 도와주어 함께 잘 살기를 진심으로 바랍니다.

하느님 아버지께서도 이와 같이 우리가 이 세상을 살면서 혼자만 잘 사는 것이 아니라, 같은 하느님의 자녀인 이웃과 더불어 잘 살기를 바라신다고 저는 믿습니다.

우리가 잘 아는 경주 최부자는 자기 집으로부터 사방 100리 안에는 굶어 죽는 사람이 없도록 늘 베풀며 살았습니다. 또 스웨덴의 발렌베리 가문은 스웨덴에서 가장 영향력 있고 부유한 가문으로 스웨덴 GNP의 1/3에 영향력을 미치는데, 가문의 누구도 스웨덴 100대 부자에 들지 않으며, 이들은 이익의 85%를 사회에 환원하여 대학, 도서관, 박물관 건립 등 공공사업에 기여하고 있습니다. 하느님은 경주의 최부자나 스웨덴의 발렌베리 가문 같은 사람에게 더 큰 일을 맡기지 않으실까요?

하느님과 한 편이 되면 정말 잘 살 수 있습니다

저는 '청춘들을 사랑한 장군'이란 저의 저서 마지막에, '진실한 신앙생활하기'를 썼습니다. 이는 훌륭한 인격과 능력을 갖추고, 여기에 진실된 신앙까지 가진다면 인생에서 정말 '금상첨화'가 될 것이라는 저의 확신을 꼭 알려주고 싶었기 때문입니다.

신앙이 이끌어 준 나의 삶

첫째, 신앙은 무엇보다 사람은 모두 하느님의 자녀로서 소중한 존재라는 생각을 가지게 하였다. 그래서 나는 어떤 이유로도 사람을 경시하거나 차별하지 않고 같은 형제로 생각하게 되었다.

둘째, 신앙은 나에게 착하고 바르게 살아야 한다는 생각을 가지게 하였다. 착하고 바르게 사는 것은 하느님의 뜻이다. 또 그렇게 살 때 세상을 잘 살 수 있고, 하늘의 복도 받게 된다고 믿었다.

셋째, 신앙은 대접받고 싶은 대로 먼저 대접해야 한다는 삶의 이치를 깨우쳐 주었다. 나는 이 말씀을 믿었기에 모든 인간관계를 좋게 유지하는 바탕이 되었다고 생각한다.

넷째, 신앙은 나누는 삶을 살아야 한다는 생각을 가지게 하였다. 나누는 삶이 하느님의 사랑을 진실로 구현하는 것이며, 그래서 기꺼이 봉사하고 아낌없이 나누는 삶으로 나를 이끌어 주었다.

다섯째, 신앙은 어떤 역경과 난관 속에서도 희망과 용기를 잃지 않게 해주었다. 하느님께서 늘 우리를 지켜 주시고 이끌어 주신다고 믿었기에, 아무리 힘들고 내 뜻대로 안 되는 일이 있어도 결코 실망하거나 좌절하지 않고 기쁜 마음으로 새롭게 시작할 수 있었다.

그리스도인의 성공과 행복

아빠는 출장을 가고 없는데 어린 아들이 반찬을 가지고 엄마에게 따지는 것이었다.

"엄마, 왜 아빠가 있을 때는 반찬이 많은데, 아빠가 없고 나만 있을 때는 맨날 김치, 참치, 멸치만 주는거야? 이건 차별 아니야?"

엄마는 아들의 일리 있는 항의에 순간 당황하였다.

그래도 엄마가 순발력 있게 지혜를 발휘하였다. "아들, 아들은 엄마 아들이지? 그런데 아빠는 누구 아들이야?" 하자 "아빠는 할머니가 낳지 않났나?" 하고 답했다.

엄마는 다시 "그래 맞았어. 아빠는 할머니 아들이지 엄마 아들이 아니야. 그래서 반찬을 잘 안 해주면 삐져. 그러니까 아들이 이해해야 돼."

그랬더니 어린 아들도 "응 그렇구나. 알았어 엄마." 하는 것이었다.

지혜로워야 성공과 행복을 다 얻을 수 있습니다.

젊은 엄마가 지혜롭게 위기를 잘 넘겼네요.

대부분의 사람들은 신앙의 유무나 믿는 종교에 관계없이, 한 번뿐인 이 세상의 삶에서 성공도 하고 행복도 누리는 삶을 살고 싶어 합니다. 이것은 인간적인 바람일 뿐만 아니라 하느님께서도 바라시는 것입니다.

그런데 우리가 바라는 성공과 행복을 모두 얻기 위해서는 많은 지혜가 필요합니다.

진정한 성공이란?

저는 젊은이들에게 우리가 한 번뿐인 삶을 잘 살기 위해서는 성공하는 삶을 추구해야 한다고 이야기합니다. 성공이란 사회적 활동을 통해서 자기가 추구하는 꿈을 이루는 것인데, 사람은 자기의 꿈을 이루었을 때 보람을 느끼고 인정과 자아실현의 욕구를 구현하게 되며, 나아가 이런 개인들의 성공 추구는 나라 발전과 인류 번영의 원동력이 되고, 또 이런 성공은 뒤를 잇는 후세들 누군가의 새로운 꿈이 될 수 있기 때문입니다.

그런데 제가 그리스도인으로서 진정한 성공에 대해 젊은이들에게 들려주는 이야기는 이렇습니다.

"성공이 단순히 돈을 많이 벌고, 지위가 올라가고, 자기의 이름을 날리는 수준에 그친다면, 이는 가치가 매우 낮은 성공이다. 나는 진정한 성공은 나를 넘어서 이웃과 세상을 위해 얼마나 기여했느냐가 진정한 척도이며, 그래서 세상 사람들로부터 존경을 받는 성공을 하여야 진정한 성공이라고 생각한다."

진정한 행복을 얻는데 필요한 지혜

제가 성공보다 더 강조하는 것은 행복입니다. 저는 우리가 한 번뿐인 삶에서, 성공은 이루지 못할지라도 행복만큼은 절대 놓쳐서 안 된다고 생각합니다.

그런데 행복은 우리가 삶 속에서 만족감과 평안함과 기쁨을 느낄 때 오는 것으로, 우리가 확실하게 행복을 누리기 위해서는 다음 몇 가지 지혜가 꼭 필요하다고 저는 생각합니다.

첫째, 만족감은 모든 것에 감사한 마음을 가질 때 완전하게 채워질 수 있으며, 평안함은 마음에 걱정과 불안, 미움과 원망을 없앨 때 오는 것으로, 전능하신 하느님께 온전히 의탁하고 형제들의 잘못을 기꺼이 용서할 때 올 수 있습니다. 그리고 기쁨은 가정이 화목하고, 아낌없이 나누고, 언제나 웃음을 잃지 않을 때 누릴 수 있다고 생각합니다.

둘째, 번듯한 직장을 잡고 집이라도 한 채 마련하고 나면 그때 행복도 좀 누리면서 살자 하는 식으로, 행복을 자꾸 조건의 울타리 밖으로 밀어내지 말아야 합니다. 그리고 남보다 나은 것이 행복이라는 상대적 비교의 굴레에서도 과감하게 벗어나야 합니다. 우리는 애플의 창업자 스티브 잡스가 56세라는 젊은 나이에 췌장암으로 죽을 때, 성공은 했지만 사랑과 행복을 놓친 것을 후회한 것을 잘 새겨볼 필요가 있습니다.

셋째, 행복은 본질적으로 마음의 문제이니 내가 마음대로 결정할 수 있는 주인이라는 사실을 명심해야 합니다. 저는 행복하지 않은 이유를 밖에서 찾는 것은, 내 행복을 남에게 의존하는 종 같은 삶을 사는 우매한 짓이라고 생각합니다. 왜 내 행복을 남의 기준에 맞춥니까? 우리는 나의 행복을 남에게서 구걸하는 행복의 거지가 되어서는 안 됩니다.

성공과 행복 설계도

저는 저의 저서 '청춘들을 사랑한 장군'에서 성공과 행복을 모두 다 얻는 지혜를 '인생 설계도'라는 하나의 집 그림으로 제시하였습니다.

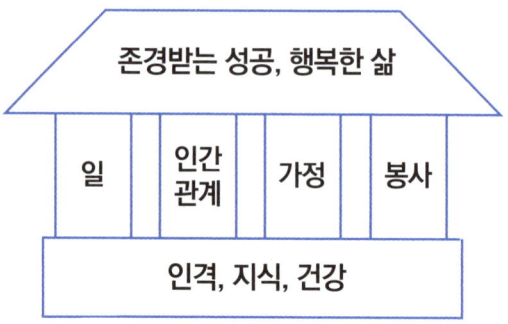

그런데 위와 같은 인생 설계도는 보통 사람들을 위한 것인데, 그리스도인이라면 위의 설계도에 다음과 같은 요소가 반드시 추가되어야 한다고 생각합니다.

첫째, 인생의 주춧돌이 되는 인격, 지식, 건강의 3요소 앞에 '하느님에 대한 굳은 믿음'을 먼저 놓아야 합니다.
둘째, 성공과 행복을 만드는 네 기둥마다 '사랑'이라는 재료를 듬뿍듬뿍 넣어야 합니다
셋째, 존경받는 성공과 행복한 삶이라는 목표 위에 '하느님 나라에 대한 소망'을 높이 올려 놓아야 합니다.

저는 '청춘들을 사랑한 장군'에서는, 이런 그리스도인다운 요소를 인생 설계도에 표현하지 못한 대신에, 존경받는 성공과 행복

을 모두 얻는 실천 방안으로 제시한 '10가지 인생조언'에 이를 녹여서 포함하였습니다.

> **성공과 행복을 위한 10가지 인생 조언**
>
> 1. 긍정의 힘을 믿고 희망을 절대 버리지 마라.
> 2. 돈, 지위, 명성보다 가치를 추구하라.
> 3. 인격에 먼저 투자하라.
> 4. 끊임없이 공부하라.
> 5. 야무지고 즐겁게 일하라.
> 6. 진정성 있는 인간관계를 만들어라.
> 7. 남과 경쟁하지 말고 자신과 경쟁하라.
> 8. 기꺼이 봉사하고 아낌없이 나누라.
> 9. 가정을 소중히 지키고 늘 감사하며 기쁘게 살아라.
> 10. 세상에 기죽지 말고 당당한 삶의 주인이 돼라.

행복의 샘인 가정

예전에 어느 TV에서 시골 마을을 방문하면서 할아버지, 할머니들을 등장시켜 재미있는 이야기도 듣고 게임도 하는 프로그램을 방영한 적이 있었다.

한번은 단어 맞추기 게임이었는데, '천생연분'이란 단어가 나왔다. 할아버지가 "당신에게 내가 누구야?" 하고 설명을 하자, 할머니가 지체없이 "웬수." 하고 대답을 했다.

그러자 할아버지가 "아니, 네 자짜리." 하고 부연설명을 하자 할머니가 다시 답했다.

"평생 웬수."

가정의 중심인 부부

가정은 가장 기본적인 사회 공동체이며 행복의 샘입니다. 이러한 가정은 사랑하는 남녀가 결혼을 통해서 부부가 됨으로 이루어집니다. 그래서 가톨릭교회는 결혼을 하느님께서 직접 축복해 주시는 거룩한 성사로 거행합니다.

저는 행복한 가정을 이루기 위해서는 진실한 사랑은 물론 지혜가 좀 필요하다고 생각합니다. 저는 주례를 많이 하였는데, 신혼부부가 시간만 된다면 항상 식사에 초대를 해서 행복한 가정을 만들기 위한 저의 생각 5가지를 이야기해 줍니다.
(행복한 가정 만들기 5가지의 내용은 저의 저서 '청춘들을 사랑한 장군' 아홉 번째 조언에 잘 나와 있습니다.)

바오로 사도도 "여러분도 저마다 자기 아내를 자기 자신처럼 사랑하고, 아내도 남편을 존경해야 합니다."(에페 5, 33)라고 하셨는데, 여기에서는 지면 관계상 이것만 꼭 실천하면 최소한 B학점짜리 부부는 될 수 있는 지혜 몇 가지만 이야기하려고 합니다.

남편과 아내가 서로에게 꼭 해주어야 할 배려

남편이 아내에게 꼭 해주어야 할 배려는 두 가지라고 생각합니다.
하나는 '아내의 말에 언제나, 무조건 공감해 주기'입니다. 설령 아내가 팥으로 메주를 쑨다고 하고, 시댁에 대한 불만을 이야기하더라도, "아, 그렇구나.", "자기가 많이 힘들었겠다."하며 아내의 말에 일단 공감을 하고 맞장구를 쳐주라는 것입니다. 제가 아내의 말에 공감해 주어야 한다는 것은, 아내의 말이 논리적으로 맞고 안맞고를 떠나서, 아내가 그런 말을 할 만한 배경과 정서에 일단 공감해 주라는 것이고, 아내의 생각을 늘 존중한다는 뜻을 전하라는 것입니다.

다른 하나는 세월이 흐르고 누가 뭐라 해도 아내는 하늘이 주신 최고의 짝이라는 마음을 확고히 가지고, 또 이것을 늘 표현하는 것입니다. 베르디의 오페라 '리골레토'에는 "여자의 마음은 흔들리는 갈대와 같다"는 유명한 아리아가 나오는데, 이것은 여자들이 결혼하기 전의 이야기입니다. 여자가 결혼을 한다는 것은 마음을 흔들리게 했던 모든 옵션을 다 포기하고 오직 한 남자에게 올인한다는 뜻입니다.

아내가 남편에게 꼭 해주어야 할 배려는 한 가지입니다. 그것은 언제라도 남편의 기를 살려주는 아내가 되는 것입니다. 비록 부부 싸움을 해서 남편이 밉고 얼굴이 보기 싫어도, 남편 아침밥을 챙겨주고, 출근할 때는 "점심값 아끼려고 싼 것 먹지 말고 잘 먹어요."라며 지갑을 챙겨주고, 혹 남편이 직장에서는 치이고 설령 실직까지 하는 한이 있더라도 "누가 뭐래도 나에게는 당신이 최고야, 나에게는 당신만 있으면 돼요."라며 남편을 꼭 안아주는 아내가 되는 것입니다.

그리고 두 사람에게 공통적으로 필요한 배려 요소가 한가지 있는데, 그것은 바로 부부 싸움을 할 때 말을 조심하는 것입니다. 아무리 화가 나더라도 극단적인 표현을 절대 쓰지 말고, 배우자의 약점이나 콤플렉스, 상대방 집안 폄하하기 같은 상대방의 아킬레스건은 절대 건드리지 말아야 합니다.

실제 이혼을 하는 경우를 보면, 최초에 싸우게 된 원인보다 싸우는 과정에서 상처가 깊어져서 이혼하는 경우가 더 많은데, 과정의 잘못은 90%가 말을 조심하지 않는 것입니다.

부부의 삶도 재미가 있어야 합니다.

그런데 저는 일상생활의 기쁨에서 빠질 수 없는 요소는 재미라고 생각합니다. 기쁨은 웃음이 반드시 있어야 하는데 재미없는 일에서 웃음이 나올 수는 없기 때문입니다.

학자들 연구에 의하면 유치원에 다닐 연령대 아이들이 가장 많이 웃는데, 그 이유는 이 아이들은 모든 것을 재미있어 하기 때문이라고 합니다. 부부 문제 전문가들이 한결같이 이야기하는 문제점은 부부간에 대화가 없다는 것인데, 저는 재미있게 살지 못하는

게 더 문제라고 생각합니다. 재미가 없는데 무슨 할 말이 많이 있겠습니까? 삶에 재미가 있으면 하지 말라고 해도 할 말이 저절로 생길 것입니다.

그래서 부부 사이에도 좀 재미있게 살기 위한 노력을 해야 합니다. 제가 생각하는 노하우 하나는, 부부는 나이가 들어도 유치원 애들처럼 좀 유치하게 사는 것입니다.

저는 나눔을 실천하는 차원에서 유머를 많이 사용하는데 일차적인 목표는 제 아내를 웃기는 것입니다. 프란치스코 교황님도 교황권고 '기뻐하고 즐거워하여라'에서 유머를 강조하셨습니다. 저는 재미있는 이야기가 생각나면 아내가 자고 있어도 깨워서 이야기를 해줍니다. 그리고 집안일도 기쁘게 잘 도와주며, 아내가 하는 사소한 일에도 "참 잘 했어요, 수고했어요."라며 엄지척을 꼭 해주고 늘 감사함을 표현합니다. 그리고 제 휴대폰에는 아내가 '색시'로 등록되어 있고 아내에게는 제가 '신랑'입니다. 저의 어머니께서는 생전에 저희 부부가 언제나 애들처럼 사는 모습을 보시며 좋아하셨습니다.

저희 부부는 이제 70이 되고 손주를 키우는 할아버지 할머니지만, 저희는 평생 색시와 신랑으로 좀 유치하게 살려고 합니다. 저는 아내 생일 때 늘 장미 29송이를 선물하는데, 아내는 결혼할 때 스물 아홉이었고 그때 가장 예뻤습니다. 저에게 아내는 백발이 되어도 언제나 스물아홉 살 색시입니다.

행복한 가정도 하느님과 함께 만드는 것

　세상에 공짜는 없습니다. 화목하고 행복한 가정을 만드는 것도 가족 모두가 서로 배려하며 노력할 때 이루어집니다. 그래서 저는 무엇보다도 가정의 중심인 부부가 하느님에 대한 굳은 믿음을 가지고, 코린토 1서 13장에 나와있는 대로 사랑을 실천하고, 늘 기도하며 하느님께 의탁하는 것이 최선이라고 생각합니다.

　저는 하느님께서 저에게 맡겨 주신 저의 가족들을 잘 돌보고 행복한 가정을 만들어야 할 책임이 있는 가장이기 때문에, 아침기도 때마다 가족들을 위해 기도하고, 필요할 때는 가족 한 사람 한 사람을 위해 특별기도를 드려줍니다. 저는 아들이 눈을 다쳤을 때 신약성경을 필사하여 봉헌하였고, 지금까지 아내를 위해서 9일 기도 4번과 자녀들을 위해서 9일 기도 14번을 드렸습니다.

시련과 고통, 벌일까? 은총일까?

열차가 가다가 기관 고장으로 멈추게 되었다.
그러자 기관사가 안내 방송을 하였다.
"손님 여러분, 두 가지 소식이 있습니다.
먼저 Bad News입니다.
우리 열차가 기관 고장이 생겨서 두 시간 연착하게 되었습니다.
다음은 Good News입니다.
우리는 지금 비행기 안에 있는 것이 아니라 기차 안에 있습니다.
감사합니다."

시련과 고통의 의미

비록 유머지만 위기를 극복하는 기관사의 기지와 유머 감각이 참으로 멋있습니다.

우리가 세상을 살다 보면, 남에게 나쁜 짓 안 하고 열심히 살았는데도 큰 화를 당하거나 덜컥 죽을 병에 걸리기도 하고, 악마 같은 사람 때문에 길 가던 사람이 무참히 죽임을 당하기도 하며, 전쟁과 자연재해로 아무런 잘못도 없는 사람들이 희생을 당하는 모습을 보게 됩니다.

하느님은 우리 인간을 사랑하신다면서 세상에는 왜 이렇게 시련과 고통이 많은 걸까요? 저는 이점에 대해서는, 앞에서 한번 언급한 원주교구장 조규만 주교님의 저서 '잊혀진 질문에 대한 오래된 대답'과, 차동엽 신부님의 저서 '내 가슴을 다시 뛰게 할 잊혀진 질문'에서 설명하신 내용이 좋은 참고가 된다고 생각합니다.

먼저 조규만 주교님은 시련과 고통에 대해서
첫째, 우리가 보는 대부분의 고통은 우리들이 저지른 잘못의 대가이거나, 개개인의 잘못에서 비롯되는 것이며, 둘째, 고통은 우리가 성장하는 힘이 되며, 셋째, 고통 속에는 하느님이 우리를 사랑하시기 때문에 더 큰 선물을 주시기 위한 신비의 차원이 있으며, 넷째, 고통과 슬픔은 누군가를 사랑하는 가장 확실한 징표라고 설명하십니다.

차동엽 신부님도 비슷한 취지로 말씀하십니다.
첫째, 자연재해 같은 것은 순수한 자연현상이고, 이혼, 이별, 상처 등의 고통도 사회적 현상으로 보아야 하며, 둘째, 고통은 사람을 지켜주는 보호 기능, 사람을 강하게 만들어주는 단련의 기능, 정신적 성장과 문명의 발전을 가져오는 기능이 있고, 셋째, 고통은 하느님을 찾게 만드는 구실이 된다고 설명하십니다.

이런 시련과 고통을 어떻게 받아들여야 하는지에 대한 좋은 예는 구약에 나오는 욥의 이야기입니다.

욥은 하느님 보시기에도 매우 의로운 사람이었는데, 사탄의 개입으로 재산과 자식을 다 잃고 마지막에는 극심한 피부병까지 얻습니다. 그러나 욥은 끝내 하느님에 대한 경건한 믿음을 버리지 않으며, 이런 욥을 보고 사탄은 물러가고 하느님께서는 욥에게 더 큰 복을 내려 주십니다.

서울대교구에서 발행한 '성서입문'에 보면, "욥은 시련을 겪으면서 '사람의 지혜는 하느님의 섭리를 다 알고 하느님과 같이 되는데 있는 것이 아니라, 하느님을 섬기며 경외하는 데 있다.'는 것을 깨달았다."라고 설명합니다.

제가 겪은 시련과 고통

저는 시련과 고통에 대해 더 이상 설명할 능력은 없습니다. 다만 제가 겪은 시련과 고통을 돌아보면, 두 분 성직자의 말씀과 욥의 교훈에 전적으로 공감하게 됩니다.

1. 유복자로 태어나 어렵고 가난하게 자란 환경

저는 6. 25 전쟁이 끝나던 해에 태어났는데, 제가 태어났을 때 저희 아버지는 이미 세 달 전에 돌아가셨고, 어머니께서 늘 품을 팔아서 생계를 유지해야 했습니다.

이런 어려운 환경이 어머니를 하느님께로 이끌어 주었으며, 저는 그런 어머니 덕분에 평생 하느님의 사랑받는 자녀로 살 수 있게 되었습니다.

2. 군인자질이 부족한 군인

저는 고등학교 때까지 반장을 한 번도 해보지 못했고, 육사 다닐 때도 리더 역할에 한 번도 임명 받아보지 못했습니다. 육사도 군인이 되려고 간 것이 아니라 육사에 대한 동경심 때문에 갔다가 군인이 되었습니다.

이렇게 군인이며 리더로서의 자질이 부족했기에, 저는 임관을 했을 때 중차대한 국가 간성의 임무를 어떻게 감당해 나가야 할지에 대한 고민과 걱정이 참 컸습니다. 고민 끝에 찾은 저의 해결책은 이순신 장군 같은 훌륭한 군인들을 무조건 따라하기였으며,

특히 부족함을 채우기 위해 끊임없이 인격을 도야하고 지식을 쌓는 '공부하는 장교(오피던트)'가 되어야 한다고 생각했습니다.

하느님께서는 저를 부족한 군인으로 출발케 하셔서 늘 겸손하고 성실하게 노력하게 만드셨으며, 그래서 임관하고 38년이란 긴 시간 동안 나라의 쓰임을 받고, 큰 임무들도 잘 수행하는 군인이 될 수 있었다고 저는 믿습니다.

3. 병고와 불안에 시달림

저는 술을 마시면 장에 탈이 생겨서 술을 절대로 조심해야 했습니다. 술을 잘 못 마셔서 가끔 불편할 때도 있었지만, 돌아보면 고위 공직을 많이 수행하면서 제가 술을 잘 마시는 군인이었다면 틀림없이 실수를 하고 명예를 지키지 못하는 일이 있었을 것이라는 생각을 하게 됩니다. 저는 또 큰 병으로 고생한 경험도 있어서 병고에 시달리는 이웃들의 아픔을 잘 이해하며, 그들에게 더 큰 위로와 힘을 줄 수 있게도 되었습니다.

저는 대대장을 마친 후에 건강에 대해서 과민하게 걱정을 하고, 그래서 때론 불안과 두통도 찾아오는 고통을 경험한 적이 있습니다. 전문가는 제가 모든 일을 너무 완벽하게 하려는 강박적인 성격이 있기 때문이라고 조언해 주었는데, 저는 제가 하느님께 의탁하는 믿음이 약하고, 아직 담대함이 부족한 것이 더 큰 원인이라고 판단하였습니다. 그래서 저는 젊을 때 노만 필 박사의 '적극적 사고방식'에서 배운 대로, "하느님께서 우리 편이신 데 누가 우리를 대적하겠습니까?"(로마 8, 31), "나는 나에게 힘을 주시는 분을 통하여 무엇이든지 할 수 있습니다."(필리 4, 13)를 매일 아침에 10회씩 복창을 하고, 두통이 올 때는 예수님께서 가시관을 쓰신 것을 묵상하며 그냥 참았습니다.

이렇게 지나다 보니 하느님께 대한 믿음이 더욱 커지고, 최선을 다했으면 결과는 과감하게 하느님께 맡기게 되었습니다. 그랬더니 불안과 두통도 씻은듯이 가시고, 더욱 의연하고 담대하게 되어 수만 명의 부하를 지휘하고, 군을 대표하는 큰 임무도 잘 감당해 내게 되었습니다.

4. 독한 상관을 만남

저는 중령 때 제가 군생활 동안 모셨던 상관 중에서 가장 힘든 상관을 모신 경험이 있는데, 제 능력이 부족하다고 판단되고, 또 심신도 매우 피로해져서 사표를 써서 책상 서랍에 넣어 놓고 하루 동안 병원에 입원을 하게 되었습니다. 저는 하룻밤을 지내며 "이것은 나를 강하게 단련시키려고 하느님께서 주신 좋은 기회다."라고 생각을 바꾸고, 다음날부터 아침마다 산에 올라가 기도를 한 후 더 적극적으로 근무를 하였습니다. 그래서 일도 더 많이 배우고 결국 상관의 신뢰를 받게 되어 진급도 하게 되었습니다.

하느님께서는 이런 식으로 저에게 능력과 배짱을 키워 주셨으며, 후배들에게는 "그때 정말 사표를 냈으면 큰일 날 뻔했다."는 농담을 하며 "독한 상관이 나를 키운다."는 교훈을 이야기해 주는 멘토가 되게 하셨습니다.

5. 재판이라는 시련

재판이라는 시련에 대해서는 앞에서 몇 차례 언급을 하였기에, 여기에서는 제가 하느님의 뜻을 깨닫게 된 과정과, 이 시련에 임했던 저의 마음가짐에 대해서만 이야기하려 합니다.

저는 소령 때 한미연합사령관의 부관을 하였는데, 한번은 원주 지역에 갔다가 돌아오는 길에 우리 헬기가 치악산을 넘는 순간 구름에 휩싸이는 돌발 상황을 맞았습니다. 이런 상황에서 많은 사고가 발생하기에 저희는 순간 긴장하지 않을 수가 없었습니다.

그런데 미군들은 그 당시에도 연합사령관이 탄 헬기는 관제 센터에서 위성을 통해 추적을 하고 있었습니다. 위기 상황이 발생하자 조종사는 모든 통신 채널을 끄고 관제 센터의 지시대로만 운항을 하여 성남에 있는 공군 비행장에 무사히 복귀하게 되었습니다.

저는 재판을 받게 되었을 때, 이 경험이 떠올라서 다른 모든 생각을 접고 하느님께서 이런 시련을 주신 뜻이 무엇인지를 여쭙는 깊은 묵상을 하였습니다.

이런 묵상을 하면서, 초등학교 시절 성금요일에는 학교도 조퇴하고 복사를 하였고, 사관학교에 가서는 생도들을 성당으로 인도하고 신부님을 돕는 일로 모든 주말을 봉헌하였으며, 소대장과 원주 제1부사관학교 교관을 할 때는 바쁘신 군종신부님을 대신해서 예비자 교리도 직접 시켜서 백여 명이 훌쩍 넘는 장병들을 영세시켰던 기억이 떠올랐습니다.

중대장부터는 지휘관이어서 눈에 띄게 종교 활동을 할 수는 없었는데, 사목회 간부직을 하면서 신부님들을 열심히 도왔습니다. 그런데 계급과 지위가 점점 올라가면서 사목회장 같이 눈에 띄는 역할은 하면서도, 늘 기도를 하고, 고해성사를 자주 보며 봉사를 하는 등의 겸손하고 신실한 신앙생활은 점점 약해졌던 것을 알게 되었습니다.

이렇게 변해버린 저를 보시면서 하느님께서는 매우 마음이 아프셨고, 제가 젊은 시절의 겸손하고 성실했던 하느님의 자녀로 다시 돌아오기를 바라고 계시다는 것을 알게 되었습니다.

그리고 저는 이 시련을 예수님의 수난을 묵상하는 기회로 생각하기로 했습니다.

저는 검찰에서 18시간이나 조사를 받아 보기도 하고, 처음에는 2주 동안 구속도 되었다가 석방되었는데, 구속 중에는 검찰이나 법원에 출두를 할 때 수갑을 차고 포승줄에 묶인 모습이 TV 뉴스와 인터넷을 통해 온 세상에 퍼져 나갔습니다.

이런 것들은 평생을 오로지 나라를 위해 헌신한 저에게 참으로 억울하고 명예가 바닥으로 떨어지는 일이였지만, 아이러니하게도 겟세마니 동산에서 피땀을 흘리시고, 빌라도 총독에게 끌려가 매를 맞으시며 가시관을 쓴 채 군중들 앞에 서서 야유를 받으시고, 끝내 십자가에 못박혀 돌아가신 예수님의 수난을 체험적으로 생생하게 묵상할 수 있게 해주었습니다.

그래서 저는 재판에는 성실히 임하면서도, 예수님이 하셨던 그대로 재판을 받는 5년 내내 얼굴 한 번 찡그리지 않았고, 그 누구도 원망하지 않았습니다. 그리고 성모상 앞에 가서 기도할 때는 저를 재판 받도록 한 모든 이들을 위해서도 초를 봉헌하고 기도하며, 미사도 드려주었습니다.

이렇게 하다 보니 제가 하느님 사랑 안에 다시 돌아온 것이 깊이 느껴지며, 세상이 알아주지 않고 명예가 떨어진 것은 정말 별것이 아니었고, 하느님께서 주시는 진정한 기쁨과 평화를 누리게 된 것이 그저 감사할 따름이었습니다.

시련과 고통에 대한 저의 묵상

시련과 고통을 통해 얻은 저의 묵상은 이렇습니다.

첫째, 하느님은 시련과 고통이 왜 있는지를 설명하기 위해 계시는 분이 아니라, 우리가 시련과 고통 속에서도 결코 좌절하거나 슬픔에 빠지지 않도록, 우리를 끌어안아 주시고 다시 일어나도록 손을 잡아 주시는 분입니다.

둘째, 하느님은 우리가 더욱 단단해져서 세상을 더 잘 살게 되기를 바라십니다. 석탄과 다이아몬드는 똑같은 탄소 결정체인데, 다이아몬드는 석탄보다 훨씬 높은 고열과 고압에서 결정이 이루어진 것입니다. 혹 시련과 고통이 크다면 그것은 하느님께서 우리를 석탄이 아니라 다이아몬드로 쓰고 싶으신 것이 분명합니다.

셋째, 시련과 고통이 찾아오면 먼저 하느님의 뜻이 무엇인지를 겸손하게 여쭈어 보는 것이 좋습니다. 그래야 제대로 해결책을 찾을 수 있고 하느님의 도움도 제대로 받을 수 있습니다.

넷째, 바오로 사도의 말씀처럼, 하느님께서는 우리가 이겨내지 못할 시련은 결코 주지 않으시며, 시련을 주실 때는 이것을 이겨낼 힘도 반드시 함께 주십니다. 헬렌 켈러도 "세상은 고통으로 가득

하지만 그것을 극복하는 사람들로도 가득하다."고 말했습니다.

다섯째, 우리는 시련과 고통을 겪을 때 진실로 겸손해지고 감사할 줄 알게 되며, 이웃의 고통을 머리가 아니라 가슴으로 이해하고 도와줄 수 있게 됩니다.

여섯째, 무엇보다도 시련과 고통은 예수님의 수난을 체험적으로 생생하게 묵상하게 해주며, 그래서 예수님의 수난에 진정으로 동참할 수 있는 최고의 기회가 됩니다.

시련과 고통은 정녕 은총이며 신비입니다.

저의 삶을 돌아보면, 하느님께서는 제가 태어날 때부터 사랑으로 돌보아 주시면서도 필요할 때는 시련과 고통도 적절히 주셨습니다. 그리고 저의 믿음이 흐트러졌을 때는 재판이라는 매서운 회초리로 저를 돌려세우셨습니다.

저는 이제 확실하게 말할 수 있습니다. "시련과 고통은 하느님의 벌이 아니라 하느님의 은총이며, 사랑의 신비와 똑같은 신비입니다"

세상을 잘 사는 비결,
감사와 나눔, 그리고 기도

어느 교회에서 전교 강조 기간을 만들어서 전교를 많이 한 사람에게는 상금도 주기로 하였다.
그런데 한 사람이 특별히 전교를 많이 해서 전교왕이 되었다.
그래서 시상식 때 많은 사람을 교회로 인도한 비결을 물었더니, "우리 교회에 오면 헌금을 한 푼도 안 내도 된다."고 강조했더니 많이들 따라왔다고 했다.
전교왕에게는 약속대로 큰 상이 주어졌는데 상금은 빈 봉투였다.

세상을 잘 사는 비결

세상을 살다 보면 건강 비결, 돈 잘 버는 비결, 공부 잘하는 비결 등 별별 비결이 참 많습니다.
그런데 저는 그리스도인으로서 이 세상을 잘 사는데도 비결이 있다고 생각합니다. 그것은 두말할 필요도 없이 예수님께서 가르쳐 주신 사랑을 실천하는 삶을 사는 것입니다.

그런데 이 사랑을 좀 더 구체적인 행동으로 옮길 수 있는 요소는 '감사와 나눔, 그리고 기도'라고 생각합니다.

감사하면 우리 마음을 꽉 채울 수 있습니다.

어디선가 이런 이야기를 들은 기억이 있습니다. 어떤 피정에서 천 원으로 방 하나를 가득 채우는 과제였는데, 참으로 놀라운 방법이 있었습니다. 천 원으로 초를 한 자루 사서 불을 켜니 불빛이 온 방안을 꽉 채우는 것이었습니다.

저는 이 이야기를 들으며, 우리의 삶에서 이런 촛불과 같은 효과를 가지는 것이 무엇일까 생각해 보았는데 그것은 바로 감사였습니다. 범사에 감사한 마음을 가지면 우리의 마음을 아무런 부족함 없이 충만하게 채울 수 있기 때문입니다.

그런데 우리는 살면서 "감사할 게 있어야 감사하지. 이렇게 늘 쪼들려 살고 무엇 하나 시원하게 풀리는 일이 없는데 도대체 무엇을 감사하란 말인가?"라는 말도 듣게 됩니다. 그러면 정말로 우리에게 감사할 일이 그렇게 없을까요?

코로나가 한창일 때 프랑스에서 실제 있었던 일입니다. 93세

할아버지가 산소호흡기 치료를 받고 회복되었는데, 치료비 청구서를 받아보니 50만 프랑이나 되었습니다. 이 청구서를 보신 할아버지가 눈물을 흘리시자 사람들은 치료비가 걱정이 되어 우시나 하였는데 그게 아니었습니다. 할아버지는 이 비싼 산소를 평생 공짜로 마시고 살면서 하느님께 감사한 생각을 한 번도 못한 것이 너무나 죄송해서 눈물을 흘린 것이었습니다.

그렇습니다. 사실 우리는 아침에 눈을 뜨면서부터 감사할 것이 하늘땅만큼 많은데도 이것을 당연한 것처럼 지나치고 삽니다. 시력과 청력을 모두 잃었던 헬렌 켈러 여사의 이야기를 읽어 보면, 푸른 하늘과 아름다운 꽃과 사랑하는 사람의 얼굴을 한 번이라도 보고, 새소리, 음악 소리, 사랑하는 사람의 목소리를 한 번이라도 들을 수 있는 것이 얼마나 큰 은총인지를 알 수 있습니다.

저는 수술을 하였을 때 링거병을 단 스탠드를 밀면서 복도를 걷는 운동을 하는데, 줄을 서너 개씩 달고 보호자가 밀어주는 휠체어에 힘겹게 앉아 있는 사람도 많이 보았고, 중환자실에는 아예 산소호흡기를 낀 채 의식도 없이 깨어나기만을 기다리는 사람도 많은 것을 보았습니다. 그런데 그게 다가 아니었습니다. 옆 동의 장례식장에서는 하루를 더 못 버티고 세상을 떠난 사람도 많이 있었습니다.

저는 정말이지 아름다운 세상에서 사랑하는 가족들과 살 수 있는 것만 해도 참으로 감사한 일이며, 또 죽을병에 걸렸다 살아난 것도 기적이지만, 죽을 병에 걸리지 않고 사는 것은 더 큰 기적임을 깨닫게 되었습니다.

저는 세상에서 제일 부자는 돈이 제일 많은 사람이 아니라 모든 것을 다 감사하게 생각하는 사람이라고 확신합니다.

나눔이 진정한 사랑의 실천입니다.

바오로 사도의 코린토 1서 13장에는 사랑이 무엇인지를 잘 설명하고 있습니다. 또 로버트 배런 주교님은 저서 가톨리시즘에서 "사랑은 다른 사람의 유익을 추구하는 것."이라고 말씀하십니다.

저도 이와 같은 맥락에서 사랑을 가장 확실하게 실천하는 방법이 무엇일까 생각해보았는데, 그것은 바로 우리가 가진 것을 아낌없이 이웃과 함께 나누는 것이라고 생각했습니다.

재물을 이웃과 나누는 것은 가난하고 불쌍한 이웃을 도울 수 있는 좋은 방법입니다. 저도 그리스도인으로서 나눔을 실천하고자 중령 때부터 꽃동네, 나자로 마을, 평화의 마을, 충주 맹아원 등 복지시설에 매달 후원금을 보내는 등 불쌍하고 소외된 이웃들과 함께 하려는 노력은 늘 하고 있지만, 김밥을 팔아서 모은 전 재산을 장학금으로 내놓고, 연말이면 어김없이 이웃을 위해 많은 돈을 내어 놓는 얼굴 없는 천사를 보면 저의 나눔이 참으로 부끄럽게 느껴집니다.

우리가 이웃에게 나누어 줄 수 있는 것은 재물만이 아니라고 생각합니다. 우리는 이웃에게 시간도 나누어 줄 수 있고, 기다려 줄 수 있고, 친구 말에 공감해 줄 수 있습니다. 또 웃어줄 수 있고, 폐지를 싣고 힘들게 가시는 할머니를 도와드릴 수 있고, 착한 사마리아 사람처럼 낯선 사람도 도와줄 수 있습니다.

이렇게 내가 가진 것, 내가 할 수 있는 것을 이웃에게 아낌없이 나누어 줄 때, 세상은 참 따뜻해지고, 주는 것이 받는 것보다 더 행복해지는 신비도 맛보게 됩니다.

그런데 예수님께서는 "너희는 사람들에게 보이려고 그들 앞에서 의로운 일을 하지 않도록 조심하여라. 네가 자선을 베풀 때에는 오른손이 하는 일을 왼손이 모르게 하여라."(마태 6, 1-4)라고 말씀하셨고, 또 불교에서도 보시(布施)를 할 때 "내가 준다는 생각을 하지 말아야 하고, 누구에게 준다는 의식을 하지 말아야 하며, 무엇을 주었다는 생각도 갖지 않아야 한다."라는 가르침이 있습니다. 그래서 저는 나눔을 실천할 때 예수님과 부처님의 말씀을 늘 가슴에 담아 두었습니다.

나눔은 용서로 완성됩니다.

이렇게 우리가 매사에 감사하며 아낌없이 나누는 삶을 살면 우리는 참으로 마음이 평화롭고 기쁨에 넘치는 삶을 살 수 있을 것입니다.

그런데 만일 내 마음 안에 누군가를 미워하고 원망하는 마음이 남아 있다면, 이것은 아직 하느님의 뜻에 다다르지 못한 것이며, 우리의 마음도 완전한 평화를 누릴 수 없을 것이라고 생각합니다. 용서를 뜻하는 영어는 'forgive'와 'pardon'이 있는데, 'forgive'는 'for'와 'give'의 합성어이며, 또 'pardon'의 'don'은 라틴어 'donum'에서 온 것으로 이는 '선물'이라는 뜻이라고 합니다.

이처럼 영어 단어에도 이미 그 뜻이 내포되어 있듯이, 우리가 진정으로 나누는 삶을 살게 되면 하느님께서 참으로 부족함이 많은 나를 끊임없이 용서하고 채워 주신 것을 깨닫게 되고, 형제들의 잘못을 기꺼이 용서할 수 있게 될 것이라고 생각합니다.

기도 속에 모든 답이 있습니다.

우리가 세상을 잘 살기 위해서는 감사도 하고 나눔도 실천해야 하지만, 무엇보다 우선 해야 할 것은 기도입니다. 기도는 하느님을 직접 만나는 시간이며, 하느님을 사랑하는 가장 좋은 방법이고, 그리스도인으로 살아가는 모든 힘의 원천이 되기 때문입니다.

마더 데레사 성녀가 운영했던 복지 시설은 돌보아야 할 사람들이 넘쳐서 늘 손이 모자라고 바빴습니다. 그래서 젊은 수녀들이 기도 시간을 줄이자고 건의 드렸는데, 데레사 수녀님께서는 이것을 단호하게 거절하셨습니다. 수녀님은 모든 봉사의 힘이 기도에서 나온다는 것을 잘 알고 계셨기 때문입니다. 베네딕토 수도회의 모토도 "Ora et labora(기도하고 일하라)"라고 합니다.

기도를 잘 하는 방법은 프란치스코 교황님이 쓰신 '신앙 생활의 핵심'이란 책과 서울대교구 손희송 주교님이 쓰신 '행복한 신앙인'이란 책에 잘 나와 있습니다.

저도 군 생활을 할 때 늘 아침 기도를 하고, 또 부대 안에 성당이 있을 때는 성당에 들러서 성체조배와 기도를 하고 출근을 하였는데, 기도를 하고 나올 때는 하느님께서 주시는 힘이 양 어깨와 등을 타고 내려오는 것 같았고, 걱정이 되던 일들도 하느님께 부탁드리고 나오면 거짓말처럼 잘 풀리곤 했습니다.

기도 속에 모든 답이 들어 있습니다.

죽음,
아름다운 마침,
기쁜 시작

밥 호프는 6.25전쟁때 미군 장병들을 위문하려고 우리 나라에도 왔던 20세기의 전설적인 코미디언입니다.
밥 호프가 나이가 들어 병원에 입원을 했을 때 친구들이 병문안을 갔습니다. 이런저런 이야기를 하다가 죽으면 묘비명에 뭐라고 써줄까 하고 물었더니 밥 호프가 말했습니다.
"찾아 주셔서 감사합니다. 일어나지 못해서 죄송합니다."

누구나 피할 수 없는 죽음

참으로 코미디의 대가다운 멋있는 묘비명입니다.
세상에는 많은 이치들이 있는데, 정말로 단 하나의 예외도 없는 이치는 사람은 반드시 죽는다는 것입니다. 가끔 의학적으로 죽었다고 판명된 사람이 다시 깨어나서 죽음 뒤의 세상을 다녀왔다는 임사 체험 이야기를 하는 경우가 있지만, 사실 죽음은 이 세상에서의 끝이기 때문에 체험해 볼 수 있는 대상이 아닙니다.

그래서 죽음은 누구에게나 미지의 세계이며 두려운 일입니다. 또 죽더라도 가능한 그 때를 미루고 싶어합니다. 이처럼 죽음은 우리 인간에게 무엇보다도 중요하고 또 두려운 주제이기에 많은 사상가와 철학자들도 죽음에 대해 깊은 사유를 하였습니다.

진시황과 성녀 모니카의 죽음

저는 죽음을 논할 만한 지식이나 철학적·신학적 깊이는 없습니다. 그렇지만 죽음의 문제를 생각하면서 죽음에 임하는 대표적인 두 사람의 경우를 생각해 보게 됩니다. 바로 진시황과 아우구스티누스 성인의 어머니 모니카 성녀입니다.

진시황은 중국 역사상 최초로 통일 국가를 이룬 황제로 글자 그대로 무소불위의 힘을 가지고 있었습니다. 진시황은 그러한 권좌에 오래도록 있고 싶어 불로초를 구해다 먹고, 죽은 뒤에도 황제로서의 호사를 누리고 싶어 병마용이라는 어마어마한 무덤을 사전에 준비해 놓았습니다. 그러나 아이러니하게도 진시황은 불로초로 알고 먹은 약재들에 들어있는 수은에 중독이 되어서 50도 못되어 죽었고, 병마용은 후세의 유물은 되었지만 본인과는 아무런 상관도 없는 부질없는 일이 되었습니다.

반면 모니카 성녀는 죽음을 행복으로 받아들인 사람입니다. 아우구스티누스 성인이 쓴 고백록에는 어머니 모니카 성녀의 죽음에 대해 잘 기록되어 있는데, 모니카 성녀는 아들들과 함께 고향 아프리카를 떠나 로마제국에 와서 살다가 56세에 열병으로 몸져눕게 되었을 때, 아들 형제가 아프리카 고향으로 돌아가 아버지 무덤 옆에 묻히셔야 하지 않겠냐고 여쭙자 "내 몸은 어디에 묻혀도 상관없다. 너희가 어디에 있든 나를 오직 하느님의 제단에서 기억해 달라"고만 당부하였습니다. 그리고 또 친구들이 "고향에서 멀리 떨어진 곳에 묻히면 두렵지 않겠니?"라고 묻자, 모니카 성녀는 "하느님에게는 어떤 곳도 멀지 않다."라고 하며 오히려 죽음의 행복을 이야기하였다고 합니다.

그리스도인의 죽음

죽음에 대한 두 사람의 생각이 어떻게 이렇게 다를 수 있을까요?

위 두 사람의 결정적인 차이는 모니카 성녀는 하느님이 우리의 참 아버지이심을 알았고, 이 세상에서의 죽음이 끝이 아니라 하느님 아버지께로 다시 돌아가는 기쁨과 희망의 과정이라고 믿은 반면, 진시황은 그저 죽음이 모든 것의 끝인 허무와 절망으로 생각했던 것입니다.

정진석 추기경님이 쓰신 '성숙한 신앙생활'이라는 책에 보면, "그리스도교 신자에게 죽음은 그리스도의 파스카 신비와 부활에 참여하는 것이며, 요한 복음 라자로의 죽음에서 마르타와 예수님의 대화를 통해서 인간이 가진 죽음에 대한 두려움과 영생에 대한 희망을 보게 된다."라고 설명하고 있습니다.

저도 그리스도인답게 아름답게 죽고 싶습니다.

저도 하느님의 사랑을 받으며 살아온 그리스도인으로서, 죽음은 결코 끝이 아니라 하느님과 함께 영원한 복락을 누리게 되는 기쁜 시작임을 굳게 믿기 때문에, 이 세상에서의 마지막 여정인 죽음을 아름답게 맞이하고 싶습니다.

저는 우선 죽음을 아름답게 맞이하기 위해서는 우리가 죽음이라는 문제에 너무 매몰되어서도 안 되고, 또 죽음을 가벼이 여겨서도 안 된다고 생각합니다. 어느 수도회의 인사말은 "memento mori"(죽음을 기억하라)라고 합니다. 그런데 이는 수도하는 사람답게 이 세상을 겸손하고 충실하게 잘 살기 위한 하나의 방편으로 쓴 것이지 죽음에 매몰된 삶을 살라는 것은 아닐 것입니다.

그리고 저는 앞에서도 묵상하였듯이, 우리는 죽음을 후회없이 맞이하기 위해서도 이 세상을 잘 살아야 한다고 생각합니다. 호스피스들이 쓴 글을 보면, 대부분의 사람들이 죽을 때 많이 후회하는 것은, 자기가 정말 하고 싶었던 것을 해보지 못한 것, 가족과 이웃을 더 많이 사랑하지 못한 것, 별것도 아닌 것을 가지고 미워하고 용서하지 못한 것, 좀 더 나누며 살지 못한 것이라고 합니다. 그래서 저는 "Carpe diem"(현재에 충실하라)과 "Memento mori"(죽음을 기억하라)를 모두 소중하게 생각해야 한다고 생각합니다.

또 저는 떠나는 몸과 마음이 가벼워야 한다고 생각합니다. 어느 음료 회사 회장이 죽으면서 "내가 사이다 한 병을 못 가지고 가는구나."라고 말하였다고 합니다. 그렇습니다. 수의에는 주머니가 없습니다. 세상의 것들은 어느 것도 내 것이 없습니다. 물질적인 것뿐만 아니라 마음에 있는 미련과 집착도 마찬가지입니다. 끝까지 남는 것은 자기가 소유한 것이 아니라 이웃에게 나누어 준 것입니다. 그래서 저는 나라를 지키는 임무가 끝났을 때 저의 장기를 한마음한몸운동본부에 기쁘게 모두 기증하였습니다.

저는 그래서 죽음을 이렇게 생각합니다. 어린이들은 어른들이 만들어준 놀이터에서 친구들과 어울려 재미있게 놉니다. 그러다 해걸음이 되면 어머니가 부르러 오십니다. 집에는 어머니가 모든 식구들을 위해 정성껏 만드신 저녁상이 차려져 있고, 사랑하는 식구들과 함께 오손도손 이야기 꽃을 피우며 맛있게 저녁을 먹을 일이 기다리고 있습니다. 그래서 친구들과 재미있게 노는 것도 좋았지만 어머니가 부르시면 "예!"하고 큰 소리로 대답하며 더 기쁘게 달려가는 것입니다.

저는 이 세상을 마칠 때 저승사자가 아니라 성모님께서 "이레네오야, 이제 아버지 하느님 집으로 가자."라며 저를 부르실 것 같고, 그러면 저는 큰 소리로 "예, 어머니." 하며 정말 기쁜 마음으로 성모님께 달려가려고 합니다.

그리고 저는 죽을 때, "하느님께서 선물로 주신 이 세상을 아쉬움이나 후회됨이 없이 행복하게 잘 살았습니다. 하느님 참으로 감사합니다, 이제 하느님 아버지께 기쁘게 돌아갑니다."라는 뜻을 담은 미소를 사랑하는 가족들에게 보여주려 합니다.

성모님 성가를 들으며 만면에 미소를 띠고 맞이하는 죽음, 이것이 제가 생각하는 아름다운 죽음입니다.

글을 마치며

　교리 지식도 매우 부족하고 신심 또한 미약한 제가 이렇게 교회가 공식적으로 인정하는 신앙 이야기를 쓰게 된 것은, 모두가 하느님의 뜻 안에서 성모님께서 도와주시고 성령님께서 이끌어 주신 덕분이라고 생각합니다. 이 책은 제가 뜻하지 않은 재판에 휘말리는 시련을 통해서 신앙적으로 다시 태어나게 된 것이 계기가 되었고, 또 성모님께 9일 기도를 드릴 때 많은 묵상이 떠올라 그때마다 메모를 하였는데, 그 메모들이 이 책의 바탕이 되었습니다.

　그리고 저는 이 책을 쓰면서 자연스럽게 70여 년의 제 삶을 돌아보게 되었는데, 하느님께서 제 삶의 한 걸음 한 걸음을 이끌어 주셨음을 깊이 깨닫게 되었고, 그래서 감사함의 눈물도 여러 번 흘렸습니다. 그리고 제가 힘들었을 때는 예외 없이 제가 하느님께 의탁하지 않았거나, 하느님께서 저를 더 단단하게 키우시려고 주신 단련이었음을 또한 깊이 깨닫게 되었습니다.

　꽃을 싼 종이에서는 향기가 나고, 생선을 싼 종이에서는 비린내가 나게 되어있습니다. 그래서 저는 제 삶에서 예수님과 성모님의 향내가 언제나 날 수 있도록 매일매일 이렇게 기도합니다.

하느님께 바치는 아침기도

사랑하는 아버지 하느님
제가 하느님 아버지의 사랑받는 자녀임을 굳게 믿나이다.
저희에게 귀한 생명과 아름다운 세상을 주시고,
또 저의 삶을 자상하게 보살펴 주심에 깊이 감사드립니다.
주님께서 선물로 주신 오늘 하루도
바르고 충실하고 기쁘게 살되,
세상의 모든 사람을 한 형제로서 소중하고 따뜻하게 대하며,
특히 가난하고 소외된 이웃을 언제나 잊지 않고
겸손하고 기쁘게 나눔을 실천하며,
제가 하는 모든 일에 봉사의 마음을 담게 하소서.

전능하시고 자비하신 하느님 아버지,
그리고 시시때때로 시련과 고통이 찾아올 때면,
저희를 위하여 기꺼이 십자가를 지신
예수님의 수난과 부활을 깊이 묵상하고,

"하느님께서 우리 편이신 데 누가 우리를 대적하겠습니까?"(로마 8, 31) "나는 나에게 힘을 주시는 분을 통하여 무엇이든지 할 수 있습니다."(필리 4, 13)란 바오로 사도의 말씀을 또한 굳게 믿으며,
어떠한 시련과 고통에도 기꺼이 맞서
꿋꿋하고 지혜롭게 이겨내도록 저를 도와주시고,
이 또한 하느님의 크신 사랑임을 깊이 깨닫게 하소서

지극히 거룩하신 하느님 아버지,
이러한 저의 모든 삶들이
자애로우신 성모님의 도움과 성령의 인도 아래,
하느님 아버지의 뜻을 이루는 작은 도구로
쓰임 받는 삶이 되기를 간절히 바라오며,
우리 주 예수 그리스도의 이름으로 비나이다. 아멘.

유머 타고 오신 하느님

교회인가 | 2023년 10월 13일(서울대교구)
초판 1쇄 | 2023년 11월 17일
초판 2쇄 | 2023년 12월 20일

지 은 이 | 임관빈
펴 낸 이 | 전갑수
펴 낸 곳 | 기쁜소식
등 록 일 | 1989년 12월 8일
등록번호 | 제1-983호
02880 서울 성북구 성북로5길 44(성북동1가)
☎ 02·762·1194~5 FAX 02·741·7673
E-mail : goodnews1989@hanmail.net

ⓒ 임관빈, 2023
성경·전례문 ⓒ 한국천주교중앙협의회, 2023.

ISBN 978-89-6661-295-6 03230

가격 15,000원

이 책은 저작권법에 의해 한국 내에서 독점적인 권리를 갖는
저작물이므로 무단전재와 무단복제를 금합니다.